Сергій Гайдайчук

The Club

Мистецтво об’єднувати

м. Київ

УДК 379.81:37.032
Г14

Гайдайчук, Сергій.

Г14 The Club. Мистецтво об'єднувати / Сергій Гайдайчук. — К. : ФОП Осьмук С. Б., 2021.— 226 с.

ISBN 978-966-97950-6-9

Найбільша наша цінність і найнадійніший капітал — це люди, що нас оточують. А налагодження стосунків з ними — найважливіша інвестиція, яку ми здійснюємо в житті.

Сергій Гайдайчук, український підприємець і громадський діяч, засновник ціннісних ділових товариств і професійний соціальний архітектор, у цікавій формі розповідає про унікальний досвід створення клубних спільнот, розглядаючи процес об'єднання людей і комунікацію з ними як справжній шлях особистісного зростання й ефективного розвитку.

Завдяки легкому стилю викладу книжка, що була задумана як професійне дослідження зі створення клубів, вийшла за рамки початкового задуму і може слугувати читачеві персональним гідом із соціальної архітектури і практичним посібником з управління зв'язками у сучасному світі.

УДК 379.81:37.032

ISBN 978-966-97950-6-9

Зміст

ВСТУП

Коли я створював свій перший, студентський клуб, то й гадки не мав, що саме ця подія визначить весь мій життєвий шлях і вплине буквально на все, що відбуватиметься зі мною у подальшому. Я був провінційним студентом з мінімальними можливостями, але неабиякими амбіціями, і, оскільки перше не відповідало другому, постійно міркував над тим, як мені будувати своє майбутнє. У ті часи дуже престижними вважалися професії юриста й економіста, тож я, як і більшість моїх однолітків, під впливом оточуючих також вирішив стати юристом. Вступив до вишу, але вже на другому курсі юрфаку чітко усвідомив, що юриспруденція — це зовсім не та справа, якій я хотів би віддати все своє життя. Я зробив типову для багатьох молодих людей соціальну помилку і забажав за всяку ціну її виправити.

Наступні двадцять років я присвятив пошукам себе й активному розвитку. Захопившись формуванням і вдосконаленням клубних ділових спільнот, фактично став соціальним архітектором, який створює світи з людей і для людей, а отже, спромігся реалізувати своє покликання.

Я завжди інтуїтивно знав, що люди, які нас оточують,— це і є найбільша наша цінність і найнадійніший капітал. Можливо, багато хто вважає, що головна сила криється в самій людині. До певної міри це і справді так. Але лише до певної міри! Адже більшість із нас приходить у цей світ, щоб розкрити свій потенціал і знайти власний шлях, набути більше досвіду і трансформуватися до наступного рівня, вирости духовно й ментально. А все це стає можливим лише у суспільстві.

Останнім часом різні люди радили мені написати книжку про те, як формувати свій соціальний капітал, як створювати сильні й успішні ділові спільноти. Але я ніколи не сприймав цю ідею як варту уваги, оскільки був упевнений: книжки треба писати у поважному віці, коли за плечима вже чимало років і багато що переосмислено. І жив я із цим глибоким переконанням до того часу, поки світ не наразився на COVID-19. Неочікувано опинившись, як і більшість людей на планеті, фактично під замкóм у власному будинку, я раптом отримав унікальну можливість поміркувати над багатьма речами і підбити якісь підсумки щодо прожитого і зробленого. Саме в такий час моєму найголовнішому клубному проєкту — CEO Club — ось-ось мало б виповнитися десять років. Клуб підходив до свого першого ювілею сильним, успішним і впливовим колективом, який реалізувався в масштабах країни як потужна спільнота і практично досяг усіх цілей, що їх ми поставили собі за мету багато років тому.

Я чітко відчував, що прийшов час шукати нову місію і переосмислювати подальшу стратегію розвитку клубу. До того ж з кількома президентами й засновниками ділових клубів з інших країн я провів під час локдауну ряд цікавих онлайн-зустрічей і бесід, на яких активно ділився з колегами усіма нашими клубними напрацюваннями. І раптом я відчув, що весь багаж знань і досвіду, набутий нами за п'ятнадцять років активної клубної діяльності, може виявитися неймовірно цінним і ефективним для лідерів успішних клубних спільнот інших країн.

Крім того, протягом останніх двох років мені доводилося багато виступати в різних молодих клубах та інших згуртованих спільними цілями й інтересами угрупованнях моєї країни, і я неодноразово помічав, що у людей є бажання створювати й розвивати їх, але цьому абсолютно ніде не вчать. Кажу це з величезною впевненістю, тому що, опікуючись своїми клубними проєктами, я й сам постійно шукав по всьому світу літературу з розвитку клубів, але так і не знайшов книжок, які дійсно допомогли б мені робити це грамотно й ефективно. У розрізненому вигляді інформація зустрічалася, проте цілісного і ємного путівника, присвяченого питанню побудови клубних організацій, не було. Я предметно розмірковував про ту справу, якій віддав багато років. Шукав найбільш ефективні рішення і вів записи з приводу різних аспектів розвитку ділових клубів, а потім і сам не помітив, як почав писати книжку.

Я написав The Club тому, що тепер точно знаю: знання, досвід та інструменти, накопичені мною протягом останніх п'ятнадцяти років, працюють і можуть стати в пригоді багатьом людям — як тим, хто створює і розвиває клубні спільноти, так і тим, хто бажає досягти значних результатів в житті і розуміє, що без формування сильного й масштабного соціального капіталу це зробити неможливо.

У книжці я системно і послідовно виклав цілісну модель побудови й розвитку успішної клубної спільноти, переважно на прикладі CEO Club, але з урахуванням досвіду створення і розвитку інших клубів. The Club — це про те, як з допомогою сильного оточення і соціальних зв'язків можна вирости і стати набагато сильнішим і успішнішим, якщо робити це системно, з розумінням головної ідеї та перспективи розвитку. Cáме оточення, якщо його правильно сформувати, рухає нас вперед і вгору. А отже, його потрібно створювати — послідовно й усвідомлено, плекаючи, як сад, який при дбайливому догляді завжди віддячить своєю красою і рясністю плодів. **І якщо вам не байдужі власне майбутнє і власний внутрішній світ, ви повинні серйозно інвестувати в соціальні відносини.**

Бути просто частиною хорошої компанії друзів і приятелів недостатньо, щоб досягти великих цілей. Так само й аматорський («емоційний», спонтанний і часто безсистемний) підхід до створення клубів не принесе успіху. Скоріше, навпаки, він призведе до серйозних репутаційних втрат і розриву напрацьованих роками корисних відносин. Такий процес вимагає управління, а отже, певних компетенцій, знань і систематизації. **Тому ключова мета цієї книжки — з одного боку, надихнути когось на створення власного клубу або допомогти тим, хто їх вже розвиває, а з іншого — показати, як шляхом створення і розвитку сильного оточення можна досягати практично будь-яких цілей і реалізовувати проєкти різного масштабу.**

Нехай ця книжка про пошук і об'єднання людей стане для вас справжнім путівником і корисним інструментом на шляху власного розвитку. А щоб вона була легкою і живою, я вирішив поділитися методологією створення клубів на основі історії власного життя, безпосередньо з ними пов'язаного.

Сподіваюся, що, незважаючи на серйозний виклад деяких методик ефективної комунікації з рівними собі, читання цієї книжки стане для вас легкою прогулянкою на складному шляху соціальних відносин — і ви не тільки дізнаєтеся чогось нового й усвідомите щось важливе, але й побачите, наскільки цікавим і дивовижним може стати життєвий шлях, якщо оточити себе чудовими людьми, які допомагають нам творити само́ життя.

Розділ 1

ДОРОГУ ЗДОЛАЄ ТОЙ, ХТО ІДЕ

Ми не можемо змінити те, звідки ми прийшли. Але нам під силу обирати, куди рухатися далі.

Цитата з фільму «Добре бути тихонею»

Кожна людина проходить свій життєвий шлях по-своєму, але всі ми так чи інакше відповідаємо на одні й ті самі питання, від яких залежить подальший сценарій нашого існування. Ці питання — про самовизначення. «Навіщо я прийшов у цей світ?», «Чого хочу досягти?», «Що дасть мені найбільше задоволення від життя?» Саме ці питання стають тим механізмом, який рухає нас далі, визначає наші нові цілі і веде до найбільш важливих результатів. Від того, якою бачить себе людина і чого вона насправді хоче, залежить, який шлях їй доведеться пройти і наскільки повним буде її життя.

Мені пощастило дуже рано зрозуміти, що моє життя — це нескінченний процес зростання і розвитку, але середовище, у якому я робив свої перші кроки, зовсім не спонукало до реалізації мого потенціалу. Тоді на мене чекав один з найважливіших етапів у житті кожної молодої людини: обрати, куди йти вчитися після школи. На жаль чи на щастя, розраховувати на підтримку сім'ї в цьому питанні не доводилося: мої батьки не мали потрібних зв'язків і ресурсів для того, щоб допомогти мені зі вступом в один з кращих вишів країни.

Саме від того, чого людина по-справжньому хоче, залежить, який шлях їй доведеться пройти і наскільки повним буде її життя.

Так само, як не могли ані дати мені стартовий капітал на розвиток власного бізнесу, ані подарувати квартиру чи машину, ані забезпечити потрібними зв'язками для стрімкого розвитку моєї кар'єри. Та все ж батьки дали мені дещо куди більш важливе — можливість знайти своє покликання і буквально створити себе самостійно, без сторонньої допомоги. Батьки не мали матеріальних благ, але подарували мені безумовну любов і потужну підтримку, навчили поважати самого себе і приймати рішення самостійно. Батьки вірили, що я і без їхніх підказок і настанов знаю, що мені потрібно, ніколи не нав'язували своїх переконань і не вимагали мого беззастережного підпорядкування своїй волі. Завдяки такій сімейній атмосфері я завжди був абсолютно впевнений у собі і в тому, що за будь-яких обставин доб'юся свого, причому незалежно від точки старту. Ще у старших класах я чітко усвідомив: щоб реалізувати себе, мені доведеться поміняти середовище й оточення.

Слід сказати, що програма, яку нам читали у старших класах школи, мене абсолютно не цікавила. Тікаючи від нудьги й рутинних шкільних буднів, я весь свій вільний час проводив за читанням книжок. Одну за одною я жадібно ковтав історії життя видатних людей і легендарних особистостей, прочитуючи абсолютно не дитячі книжки про політику, економіку та історичні події. Я повністю замінив книжками свою реальність, яка зовсім не надихала й не розвивала мене. За допомогою різних книжок я пізнавав навколишній світ і створював власні світи, мріяв і подумки конструював своє ідеальне майбутнє. Через літературу отримував те, чого не було в моєму реальному житті. Книжки формували мене, творили мій світогляд і твердо переконували в тому, що людина, яка знає, чого хоче, неодмінно зможе цього домогтися; що внутрішня впевненість і націленість на перемогу — це ресурс, здатний відкрити весь світ; що той, хто чогось дуже сильно прагне і дозволив собі це, неодмінно свого доб'ється, і весь Всесвіт буде йому допомагати. Ці важливі установки я почерпнув саме з численних творів, які сформували мій життєвий фундамент і подарували віру в себе.

> *Вчителів і наставників в реальному житті я не мав і тому знайшов їх у книжках. Це були найсильніші лідери різних епох, які стали моїми невидимими співрозмовниками.*

Усі кишенькові гроші я витрачав на книжки. Переважно це була література про те, як досягти успіху, знайти своє призначення і по-справжньому розвиватися. «Думай і багатій» і «16 законів успіху» Наполеона Хілла, «Як здобувати друзів і впливати на людей» Дейла Карнегі, «Якщо хочеш стати багатим і щасливим, не ходи до школи» Роберта Кіосакі, біографії Франкліна, Черчилля, Рузвельта, Тетчер та багатьох інших видатних людей. Відверто кажучи, у ті роки в Україні хороших книжок видавалося мало, тому я купував і читав буквально все, що хоча б віддалено стосувалося мого бажання рости й розвиватися. Так, не маючи вчителів і наставників в реальному житті, я знайшов їх у книжках: це були найсильніші лідери й найрозумніші особистості з усього світу та з різних епох, які стали моїми невидимими співрозмовниками. (До речі, з роками ця пристрасть нікуди не зникла: як і раніше, я багато читаю, тільки тепер у мене з'явилася можливість купувати які завгодно книжки, видані у будь-яких куточках світу.)

Тож я закінчував дев'ятий клас і мав визначити, які науки і де саме вивчати та й взагалі у якому напрямку рухатися далі. І оскільки однією з найпрестижніших сфер була юриспруденція, я вважав, що повинен стати кращим юристом, а отже, вступити до відповідного вищого навчального закладу.

Тоді я і отримав перше практичне підтвердження відомої фрази «зв'язки вирішують все». Моя сім'я жила скромно (якщо не сказати бідно), грошей на вступ за допомогою покровителів у нас не було, тому все залежало виключно від моїх здібностей і наполегливості. Але стурбований моїм майбутнім батько дуже хотів допомогти мені зі вступом хоч до якогось більш-менш престижного вишу. Батько знав, що без зв'язків і контактів не те що вступ — усе подальше життя опиниться під великим сумнівом, і щосили прагнув хоч щось зробити, аби полегшити мені подальший шлях. Як і більшість людей свого покоління, батько був переконаний, що, незалежно від знань і талантів, пробитися куди б то не було без допомоги впливових знайомих практично неможливо. Радянське минуле з його бідністю, вічним дефіцитом і зрівнялівкою наполегливо маячіло за спиною і нагадувало, що без корисних зв'язків ти ніхто.

Намагаючись підійти до завдання максимально вдумливо, батько звернувся по пораду до свого тодішнього боса. Це був чоловік, який досяг певних успіхів на регіональному рівні саме за рахунок того, що знав багатьох впливових людей і підтримував з ними хороші стосунки. Його пухка візитниця була справжнім скарбом, який забезпечував вихід на тих, від кого залежали мало не всі блага в нашому регіоні. Почувши батьків запит, він із розумінням кивнув і став уважно перебирати потерті візитні картки в пошуку потрібних людей, здатних допомогти з моїм вступом до вишу. Саме тоді думка про важливість «своїх» людей і зв'язків з ними, часто повторювана в розмовах дорослих, міцно засіла в моїй юній голові і залишилася там у вигляді програми з відкладеним стартом.

Визначившись із напрямком і вирішивши, що все зможу сам, я з азартом засів за підручники з права, вивчив напам'ять всю Конституцію і ще десяток якихось законів, постійно брав участь і перемагав у всіляких олімпіадах і зрештою вступив на юридичний факультет — щоправда, не у профільному виші, який би спеціалізувався на юридичному напрямку, а у Білоцерківському державному аграрному університеті. Я старанно відвідував лекції і виконував завдання й одразу став одним із кращих студентів потоку, але досить швидко усвідомив: при такому режимі навчання я в кращому випадку стану вельми посереднім юристом в обмін на п'ять дорогоцінних років. Нескінченне зубріння конспектів і розуміння того, що це доведеться робити протягом всього навчання, помітно охолодили мій запал і бажання йти до своєї мети саме таким шляхом. Я піймав себе на думці, що живу в режимі диктофона: спочатку пів дня записую лекції наших викладачів, потім решту часу витрачаю на те, щоб їх вивчити й відтворити. Уже після першого курсу я зрозумів, що такий підхід до навчання ніяк не розкриває мого потенціалу і не допомагає розвиватися як особистості, а ще чотири роки такого божевілля гарантують мені повну деградацію.

Я побачив, як життєвий шлях окремої особистості може змінитися завдяки підтримці людей, з якими вона спілкується усвідомлено й цілеспрямовано.

Проте моя енергія шукала виходу. Пам'ятаючи, що зв'язки вирішують все, я став міркувати, як приєднатися до студентської організації, що існувала тоді в інституті. Мені здавалося, що моїх амбіцій і потенціалу лідера, які досить чітко проступили ще у старших класах школи, вистачить для успішного старту, і у мене з'явилася реальна мета й відчуття того, що саме зараз настав час діяти рішуче. Мушу зізнатися, це було моє перше і повне фіаско: я не переміг на виборах до студентської організації, і на той момент підсумки всіх моїх старань виявилися вельми посередніми. Вчитися мені вже не подобалось, вибори до студентської організації я провалив, колеги мене не розуміли, всередині накопичувалися розчарування і досада.

Наш перший маленький клуб показав мені, наскільки важливо створювати своє оточення, розвиваючи власну мережу зв'язків.

Розуміючи, що, перш ніж я знову зможу балотуватися, марно пройде цілий рік, я вирішив взяти ситуацію під контроль. Амбіції в мені вирували, як і раніше. Тож, натхненний книжками про успіх, я почав будувати власну гру і буквально відразу ж після своєї поразки заявив про створення власної молодіжної організації. Зазнавши першого краху в тій реальності, що мене оточувала, я вирішив самостійно побудувати окремий світ, який би мені підходив. І оскільки знань і досвіду у мене було, м'яко кажучи, небагато, я просто увімкнув фантазію і на чистому аркуші паперу, ніби художник, почав творити.

Спочатку визначив загальні риси того, що хотів отримати у підсумку: ключові цілі, завдання і критерії, за якими шукатиму резидентів цього «нового світу». Потім закріпив начерки правилами і певним кодексом поведінки всередині спільноти — й отримав свій перший клубний проєкт: студентський клуб «Молода еліта».

Новоспечений світ складався з відібраних і запрошених мною студентів, які переважно були старші за мене. Головною умовою вступу в наш міні-клуб було бажання здобувача розвиватися. Прагнення до лідерства і великих цілей зобов'язувало кожного члена клубу брати участь у всіх проєктах нашої організації. Завдань було три:

- налагоджувати стосунки з прогресивними студентами, щоб створити середовище для взаємного стимулюючого зростання;
- активно розширювати наші зв'язки вже у вигляді чіткої структури, яка могла б запрошувати для участі в різних внутрішніх подіях залучених гостей — успішних і впливових людей міста, що ставали речниками на наших зустрічах, менторами наших проєктів і просто хорошими орієнтирами для розвитку молодих амбітних студентів з клубу «Молода еліта»;
- і нарешті, організовувати і створювати яскраві проєкти й ініціативи для того, щоб залучати все більше студентів до нашого руху.

З часом ми стали найуспішнішою молодіжною організацією в місті: нами цікавилися, нас сприймали всерйоз і, головне, з нами насправді співпрацювали підприємці, місцеві депутати та інші активні й успішні люди міста. Я раптом зрозумів, чому бос мого батька так пишався і дорожив своєю візитницею і яка насправді міць криється в людських контактах і стосунках, якими ти усвідомлено і дбайливо розпоряджаєшся. **Наші успіхи були очевидні, і я на власні очі побачив, як**

селективне і прогресивне середовище задає тон всім починанням і як життєвий шлях і результати діяльності окремої особистості можуть змінитися завдяки ретельному формуванню цього середовища і підтримці, наданій людьми, з якими вона спілкується усвідомлено й цілеспрямовано.

Цей наш перший маленький клуб дав мені чітке розуміння того, як важливо створювати своє оточення і будувати стосунки, розвиваючи власну мережу зв'язків. Ми живемо серед людей і все найважливіше робимо тільки у взаємодії з ними: вирішуємо складні проблеми, створюємо бізнеси, будуємо сім'ї, шукаємо хорошу роботу, організовуємо волонтерські рухи і проводимо реформи у країні. Усе це можливо тільки за наявності розвиненої і сильної персональної мережі зв'язків. Наш потенціал на цій планеті і в цьому житті визначається саме такою мережею, і чим ширшою і міцнішою буде соціальна павутина, тим більше благ і можливостей можна в ній знайти. Це був один з найважливіших уроків, який я виніс зі свого першого досвіду створення клубу.

Крім того, робота над розвитком клубу приносила мені набагато більше задоволення і сенсу, ніж все, що мене пов'язувало з обраною раніше професією юриста. Я вперше відчував, що роблю по-справжньому свою справу — із задоволенням, азартом і цілком очевидними результатами, хоча спочатку багатьом моя ідея і моя діяльність здавалися досить дивною витівкою, за значимістю порівнянною хіба що з хобі. Та все ж я усвідомив надзвичайно важливу істину, нехтування якою заводить людей в глухий кут: кожному потрібно знайти саме свій шлях. На жаль, дуже часто ми обираємо професію або напрям розвитку не на підставі глибинного вивчення своїх цінностей, сильних рис і власного покликання, а впадаючи в залежність від сторонніх думок. Так і моє стремління стати юристом виявилося притягнутим за вуха і прикладом того, як іноді оточення і соціальні тренди згубно впливають на наш вибір.

Прагнучи щастя, ми досить часто не досягаємо його лише тому, що не змогли правильно визначити напрямок розвитку і знайти свій шлях. Проте саме ці дві складові і є запорукою задоволення від тієї справи, яку ми визначили за головну і якій збираємось віддавати себе протягом життя. Тому кожній людині вкрай важливо якомога раніше спробувати розібратися в собі і зрозуміти: що ж насправді надихає її жити і розвиватися, що диктує природне і щире прагнення до чогось більшого? Глибоко всередині ми завжди знаємо відповідь на це чи не найголовніше для кожного з нас питання, просто не завжди здатні почути її від самих себе.

Адже навіть Всесвіт допомагає тій людині, яка точно знає, *що* піде на користь саме їй. У пошуках власного шляху ми реалізуємо своє призначення і фактично зустрічаємось із Вищим Задумом стосовно нас: знаходимо ту програму власного життя, яка відповідає нашим стремлінням якнайбільше. Якщо це сталося — людині залишається лише насолоджуватися процесом життя і ставати з кожним днем все майстернішою у своєму русі. Таке зміщення фокуса з цілей на процес робить нас неймовірно ефективними, оскільки в цьому випадку ми не залежимо від цілей і живемо не ними, а «польотом», щиро насолоджуючись перебігом подій. Це і є життя в моменті і закон Шляху. **Знаючи і розуміючи своє покликання, ми знаходимо і самé життя.**

Розділ 2

БІЙЦІВСЬКИЙ КЛУБ

Дискомфорт — це валюта успіху.

Брук Кастільйо

Коли ми стаємо на самостійний шлях дорослих рішень і вибору, то стикаємося з «відкриттями», що стосуються самого життя. Ті азбучні істини, які давно відомі і зрозумілі старшим, більш досвідченим людям, приходять «новобранцям» дорослого життя як одкровення, і нескладно зрозуміти, чому так відбувається. Опинившись у Лондоні, я, студент третього курсу українського вишу, навіть не підозрював, чим для мене може обернутися бажання розширити свої горизонти. Звичайно ж, Лондон не був випадковістю: за всяку ціну мені хотілося більшого, і я впевнено йшов до мети. Але в ті роки навіть ненадовго потрапити за кордон було непросто, тому мені знову довелося складати й реалізовувати багатоходовий план.

Я знав, що в рамках студентських програм з обміну досвідом наш навчальний заклад відправляв студентів на сільськогосподарські ферми Великобританії. Оскільки виш називався аграрним, то і програми були безпосередньо пов'язані із сільським господарством, тож протягом шести місяців українські студенти набували відповідного досвіду в іншій країні. Так, для майбутнього юриста то був дуже своєрідний досвід, але мене це не бентежило. Я попри все хотів вирватися за межі звичного світу і заради цього був готовий до якого завгодно сценарію. Завдяки моїм цілеспрямованим зусиллям і вдалому збігу обставин я вже через кілька місяців опинився у списках українських студентів, що прямували до Англії.

Треба сказати, я навіть приблизно не уявляв, на порозі якої запаморочливої пригоди стояв тоді, коли полишав межі України. Я був сповнений надій і жадав пригод, і вони не примусили себе довго чекати.

Я потрапив у свій перший студентський кемп. Тут, в десяти кілометрах від Кембриджа, знаходились сільськогосподарські угіддя, де вирощували полуницю, яблука та інші культури. На цій фермі працювали студенти з різних країн світу, і я опинився у великому міжнародному студентському таборі. Ми жили в маленьких будиночках, з ранку до вечора працювали на полях, а вечорами перетворювали наше студентське містечко на вируюче і яскраве інтернаціональне місто молодості — прикрашали сіре рутинне життя на фермі творчістю й веселощами. Ми влаштовували дискотеки до глибокої ночі, співали під гітару, готували їжу різних кухонь

Непередбачуване чуже середовище здавалося мені справжнім спортивним викликом і чудовим тренуванням з виживання.

світу, наперебій спілкувалися на всілякі теми, розповідали кожний про свою країну, ділилися мріями і планами на майбутнє і були в повній ейфорії від молодості і свободи.

А у вихідні я вирушав на велосипедну прогулянку і, насолоджуючись чудовими краєвидами, їхав якнайдалі від кемпу в напрямку Кембриджа. Кембридж — дуже атмосферне містечко з доглянутими газонами і живописними водними каналами; можна було годинами, забувши про все на світі, прогулюватися його вулицями або просто валятися на траві, насолоджуючись самотою. У моєму рюкзаку завжди лежали улюблені книжки, і я знаходив затишний куточок неподалік від старовинних корпусів Кембриджського університету, зручно розміщувався прямо на газоні біля ставка — і занурювався у читання. Іноді я просто тинявся вулицями, віддаючись мріям, дихав свіжим повітрям і подумки проєктував своє майбутнє. У ті часи я бачив його дуже невиразно, але не мав жодного сумніву, що все обов'язково складеться якнайкраще.

То були одні з моїх найліпших днів в Англії. Все вражало новизною: і студентське життя з його неймовірними веселощами і безтурботністю, і до нестями чудові краєвиди, і зовсім інші, не такі, як у мене на батьківщині, стосунки між людьми. Цей дивовижний для мене світ дуже відрізнявся від того світу, який я знав раніше.

Та все ж не пройшло і трьох місяців від початку моєї участі у програмі, як я зрозумів, що пора рухатися далі. Спосіб життя на фермі, незважаючи на веселу тусовку, був абсолютно чужим для мене, і досить скоро я не на жарт занудьгував. Не такого досвіду мені хотілося набути в Туманному Альбіоні, і я прийняв досить радикальне рішення піти з програми. Після цього я мусив би, звичайно ж, повернутися додому, але такий сценарій був взагалі не для мене. Я вирішив неодмінно домогтися бажаного. Перебування в Англії стало моїм першим досвідом життя за кордоном, та й то набутим у досить одноманітних умовах на фермі. Залишитися у двадцять років в чужій країні практично без коштів, без зв'язків і з дуже примітивною англійською було досить зухвалим і доволі бездумним вчинком. Але молодість і амбіції диктували свій курс, і непередбачуване чуже середовище здавалося справжнім спортивним викликом і чудовим тренуванням з виживання. Я був упевнений: щоб досягти великих цілей у майбутньому, мені необхідно готуватися і постійно себе випробовувати саме зараз, свідомо занурюючись у завідомо складні ситуації і не уникаючи труднощів.

Зателефонувавши батькам з лондонського вокзалу, я озвучив їм своє рішення залишитися, яке здавалося мені абсолютно розсудливим і зваженим. Батьки мої, звичайно ж, так не вважали. Вони були категорично проти того, щоб я так ризикував, навіть чути не хотіли про якесь там самостійне життя в Лондоні і наказували мені негайно повернутися додому. Але я бажав будь-що йти проти течії і тому закінчив непросту для мене розмову, наполігши на своєму і пообіцявши їм, що зі мною все буде гаразд.

З прочитаних книжок про героїв та успішних людей я знав, що саме труднощі допомогли їм виховати волю і стати сильними, тому вірив: чим більше випробувань доведеться пройти, тим швидше я зможу стати особистістю і лідером. І випробування не забарилися з візитом.

На той момент, як я закінчив розмову з батьками і повісив слухавку, у мене не було жодного плану. Я мав лише близько 400 фунтів готівкою, зароблених на фермі, і пару контактів (ними зі мною раніше поділилися мої співвітчизники на фермі) — якогось литовця і, здається, білоруса, що вже влаштувалися в Лондоні і теоретично могли щось підказати і чимось виручити. Нічого не залишалося, окрім як зателефонувати цим незнайомим людям і попросити поради і допомоги. Через кілька годин ми зустрілися з хлопцем із Литви, який вислухав мене, сказав: «Нема проблем!» — і дав контакти людей, які могли допомогти із житлом та іншими нагальними для новачка питаннями.

Двоє чоловіків, що прийшли на зустріч, повели мене кудись, щоб показати моє майбутнє житло. Воно виявилося так собі, з купою якихось дивних людей, а кімната, яку я мав подивитися, була на другому поверсі і коштувала 200 фунтів на місяць. Нові «друзі» запропонували постерегти мої речі, поки я огляну своє майбутнє лондонське помешкання. Я піднявся на другий поверх і побачив більш ніж скромне житло. Воно виявилося зовсім не таким, яким я собі його уявляв, але вибору не було, і я став домовлятися з орендодавцем про розстрочку: 50 фунтів платежу відразу, а решту — через три тижні, коли вже зможу щось підзаробити. Орендодавець великодушно погодився. Я спустився вниз, щоб попрощатися зі своїми знайомими, подякував їм за допомогу і, забравши валізи, пішов розкладати речі. Речей стало виразно менше: зникли фотоапарат, CD-плеєр, годинник і ще щось більш-менш цінне, а моїх «благодійників», зрозуміло, і сліду не залишилося. Я дуже засмутився, але швидко взяв себе в руки і вирішив зосередитися на пошуку роботи: зараз це було найголовнішим для виживання в Лондоні.

Життя у Великобританії я сприймав як шанс стати більш сильним, щоб потім повернутися додому і продовжити свій Шлях.

Знайти роботу ніяк не виходило. Було абсолютно очевидно, що мене тут ніхто не чекає і не варто сподіватися на допомогу. Гроші стрімко танули, їх вже не вистачало навіть на найпростішу їжу, і ситуація здавалася зовсім безвихідною. Розпитуючи хоч про якусь роботу мало не кожного, дізнався, що шукають людей для збору квітів на полях десь у Південній Англії. Звичайно ж, я вчепився за цю можливість. Негайно на останні гроші купив квиток на поїзд до потрібної станції — і з абсолютно порожніми кишенями поїхав розшукувати своє нове примарне місце під сонцем.

Весь наступний місяць я збирав квіти. Це звучить досить романтично, але насправді то був один з найважчих періодів — проти нього моє життя і робота на студентській фермі здавалися справжнім раєм. Стояла зима — дуже холодна, сира і сльотава. Ми піднімалися затемна і, напівсонні, сідали в машину, яка розвозила нас по полях. З раннього ранку і до самої темряви ми працювали в полі, не розгинаючись по кілька годин під сильним вітром. Моє обличчя загрубіло, шкіра на руках потріскалася, з незвички дуже боліла спина, і в ті дні я мріяв тільки про одне: якомога скоріше дістатися до житла і впасти в ліжко. Тому нескладно уявити мої почуття, коли через місяць, в день розрахунку, нас просто виставили з ферми, не заплативши ані копійчини.

Чим жорсткіші випробування доводиться долати, тим краще розвиваються наші приховані здібності.

Наступні півтора року я працював на різних роботах в усіх куточках Англії. Я поповнив багатотисячні ряди приїжджих з усього світу, які шукали тут кращої долі, тікаючи від різних проблем на своїй батьківщині. Але, на відміну від більшості мігрантів, я не розглядав життя у Великій Британії як втечу і не збирався залишатися тут назавжди. Для мене це, з одного боку, була дивовижна пригода, а з іншого — шанс стати більш сильним, навчаючись у самого життя, щоб потім повернутися додому і продовжити свій Шлях.

Мені було неймовірно важко! Я вже вмів піклуватися про себе і жити самостійно, але обставини склалися так, що часом грошей не залишалося навіть на їжу. А просити у батьків я не міг: це було нижче моєї гідності. Тому доводилося терпіти, долати труднощі і проходити всі випробування дорослого життя самостійно. Правил не існувало, скаржитися було нікому. Я повністю відчув на собі всю «красу» існування на грані: надголодь і без найменшої впевненості у більш щасливому «завтра».

Зрозуміло, ніщо не заважало у будь-який момент повернутися додому, але ж я сам обрав цей шлях, і пасувати перед труднощами і життєвими обставинами, що випадали в цій пригоді, мені не хотілося. Після кожного чергового провалу я приймав рішення залишитися і йти далі, бо фанатично вірив у те, що са́ме це і є чудовий стимул і школа життя, коли навіть примарна перспектива стає справжньою метою: адже чим жорсткіші випробування доводиться долати, тим краще розвиваються наші приховані здібності. Я мусив перемогти — у першу чергу себе, пройшовши свою власну школу життя,— і був налаштований іти до кінця.

Після довгої низки невдач мені все ж вдалося знайти стабільну роботу в Лондоні. Це була компанія, яка здійснювала доставки по всьому світу. Мене прийняли, і я працював з десятої вечора до десятої ранку, розвантажуючи машини з посилками. Так, це була важка фізична праця, але разом з тим і нарешті постійна робота за контрактом у великій компанії, де мені справно платили гроші. Я познайомився з багатьма людьми, з якими було цікаво проводити час і спілкуватися. Все почало складатися так, як мені було потрібно: після багатьох місяців голодного життя я стабільно отримував зарплату, разом із приятелем винайняв будинок у передмісті і навіть купив стару спортивну машину. Якщо порівняти з тим, що зі мною відбувалося протягом попередніх вісімнадцяти місяців перебування в Англії, тепер життя заграло яскравими фарбами і я побачив світло в кінці тунелю. Вночі я працював, а день присвячував своєму улюбленому заняттю — навчанню. Я завжди любив вчитися і віддавав цьому практично весь вільний час.

Маючи свій власний погляд на те, які саме знання мені потрібні, я вважав за краще опановувати їх самостійно і знову, як і раніше, у школі, почав купувати багато книжок, вивчаючи тільки те, що вважав важливим для себе особисто. Перебування у країні, де існує багато різноманітних освітніх програм, давало мені можливість вчитися всьому, що заманеться, а також спілкуватися з людьми з різних країн. Я жадібно поглинав будь-які знання, шукав будь-якого досвіду та із задоволенням обростав новими контактами — і приятельськими, і діловими.

Переїжджаючи з місця на місце фактично раз у три місяці, я знайомився з великою кількістю людей з різних куточків планети і у кожного, хто траплявся на шляху, вчився чомусь новому. Мені дуже подобався процес спілкування з людьми, і, навіть опинившись у чужому, часто ворожому світі, я уважно спостерігав за тим, що відбувається навколо. І помітив дивну річ, яка дуже мене вразила і надовго зав'язла в голові: як підтримували одне одного іммігранти. Вони створювали невеликі громади, намагаючись об'єднати всі свої ресурси в єдиний банк, щоб вижити. Така сформована група брала під крило щойно прибулих новачків і відчутно допомагала їм в усіх нагальних питаннях, даючи можливість «новобранцям» користуватися всіма послугами і благами, які тільки були доступні: пошук житла, пошук роботи, кредити, страхування, всілякі курси тощо. Напевно, саме тоді я вперше чітко побачив, як соціальний капітал проявляється в дії, стаючи швидкісним соціальним ліфтом «для своїх»: він дозволяв людям адаптуватися в чужому середовищі, вкорінюватися максимально швидко і не набиваючи ґулі.

Я був вражений такою потужною підтримкою і теж став інтегруватися в усі російські й українські громади, які тільки міг знайти. Так через певний час я обзавівся знайомими-земляками, які теж досить довго жили в Англії і мали не менш серйозний досвід адаптації у цій країні, ніж я. Ми вирішили триматися купи, утворивши свою невелику групу, і тепер уже самі допомагали новоприбулим землякам обжитися в Англії. Це був уже зовсім інший життєвий сценарій. Так, труднощів, як і раніше, вистачало. Так, наше становище в Лондоні навряд чи можна було назвати успішним. Але відтепер у нас з'явилися МИ. Люди, які готові були ділитися, залучатися, допомагати, підтримувати і відстоювати інтереси будь-кого зі «своїх». Я знову побачив, як своє коло людей змінює на краще навіть таке тяжке і часом безпросвітне життя, як іммігрантське.

Я вперше чітко побачив, як соціальний капітал проявляється в дії — стає швидкісним соціальним ліфтом «для своїх».

На щастя, безліч проблем, випробувань і невдач, що їх мені довелося пережити в Англії, не зробили мене слабким та інертним. Навпаки, саме цей період повністю мене сформував, виростив у мені самостійність і усвідомленість. Прагнучи успіху, я чітко зрозумів, що потрібно йти назустріч викликам з гордо піднятою головою і дякувати за всі ви пробування. **Лише тоді, коли ми беремо на себе відповідальність за своє життя на всі сто відсотків, усі складності і перешкоди, що зустрічаються на шляху, стають уроками і роблять нас набагато сильнішими, оскільки вони і є тією можливістю змінитися й піднятися на новий рівень.**

Такий досвід неможливо ані купити за гроші, ані здобути в найкращому університеті. І зараз я переконаний, що подібні випробування — це найкраща школа для молодих людей. Якби сьогодні у мене запитали, чи готовий я знову пройти весь цей шлях, я б не замислюючись відповів «так», тому що без цього досвіду я ніколи не став би собою — таким, яким насправді хотів бути.

Не дивно, що, провівши півтора року в комфорті і стабільності, нехай навіть і в чужій країні, я почав втрачати інтерес до такого способу життя. Мені було двадцять три, і я став гостро відчувати, що бажаю більшого. Мені хотілося рухатися вперед, прагнення зробити щось важливе було занадто сильним, і я зрозумів, що після трьох років англійських пригод прийшов час повертатися додому. Моїм амбіціям було затісно, вони не вписувалися в той спосіб життя, у місцеву культуру і менталітет. Я не бачив можливостей для досягнення моєї головної мети, головного стремління — створити щось значуще. Подібно до того, як люди мистецтва полюють на свою велику ідею, я шукав свій великий проєкт. Процес зростання і розвитку завжди був для мене найвищою цінністю, і я відчував, що прийшов час міняти декорації, координати і цілі. Тому, не роздумуючи довго, я купив квиток в Україну.

Розділ 3

НАЗАД У МАЙБУТНЄ

Дорогоцінний камінь неможливо відполірувати без тертя, так і людину неможливо удосконалити без випробувань.

Конфуцій

Повертаючись в Україну, я чітко розумів, що мені знову доведеться розпочати пошуки себе і свого шляху. Досвіду пошуку «своїх» після трирічного проживання в чужій країні у мене було достатньо, і тепер я збирався відточувати свої навички, але вже на батьківщині, а це, погодьтеся, набагато комфортніший процес.

В Україні на той момент дуже бурхливо розвивався ринок землі — це був дивовижний 2006 рік, коли ділянки в Київській області розліталися як гарячі пиріжки, незважаючи на те, що коштували чималих грошей. Попит у рази перевищував пропозицію. Всі, у кого були хоч якісь фінанси, намагалися інвестувати в цю сферу. Ажіотаж на ринку землі був настільки очевидний, що буквально в кожному кафе, куди не зайди, точилися розмови про землю. Я вирішив придивитися до цих процесів більш пильно і, спілкуючись з великою кількістю людей, почав ставити масу питань, аби розібратися, що собою являє бізнес у цій сфері.

Одного разу випадково у столиці я зустрів свого приятеля, з яким колись зовсім мало спілкувався у Лондоні — настільки поверхово, що навіть не знав, що він теж родом з-під Києва. А тут з'ясувалося: він, як і я, повернувся у країну і навіть став депутатом сільради в одному з невеликих райцентрів під Києвом. Я запитав його про ринок землі і був украй здивований: він, депутат сільради, який безпосередньо відповідав за пов'язані із цим питання, абсолютно ним не цікавився. Ідея народилася на льоту: я запропонував йому стати моїм партнером і разом здійснювати операції із землею. Він без ентузіазму мене вислухав, мляво прочитав пару запропонованих мною статей про ринок землі, і на цьому ми роз'їхалися. Але наступного дня він мені зателефонував і, вже зовсім натхненний, повідомив, що не просто подумав над моєю пропозицією, а навіть знайшов у себе в регіоні гарну ділянку землі на продаж і покупця на неї. Прибуток від цієї угоди становив 20 тисяч доларів. Так лише за один день, не вклавши ні копійки, ми заробили по 10 тисяч доларів. Це було щось неймовірне, і наш ентузіазм не мав меж. Ми зрозуміли, що в такому біз-

Саме інвестиції у зв'язки і навчання, що їх я встиг зробити, виявилися моїм єдиним капіталом, який не прогорів.

несі розбагатіти можна дуже швидко, і стали приділяти йому час системно.

Спершу заробляли тільки на різниці у проведених угодах, а з часом стали самі знаходити й викуповувати землю у власників за хорошою ціною і створювати вже свій банк пропозицій для подальших продажів. Бізнес розвивався неймовірними темпами, ми заробили свій перший пристойний капітал — і на цій хвилі запаморочливого успіху різко в'їхали в кризу 2008 року з її катастрофічним обвалом цін на нерухомість. Оскільки фактично все, що ми заробляли, ми відразу вкладали в земельні активи, то з настанням кризи у нас спорожніли кишені і залишилося багато вже неліквідної і нікому не потрібної землі на руках: ми втратили практично все, що заробили. І хоча наш бізнес, поки був успішним, приносив грошей більш ніж достатньо, ми, замість того, щоб витрачати перші зароблені кошти на придбання всіляких атрибутів дорослого життя, практично все реінвестували в землю. Правда, були ще інвестиції, які я робив завжди, незалежно від мого статусу та фінансового становища,— це інвестиції в себе і свій розвиток, а також в розширення моєї персональної мережі зв'язків.

Тоді в Києві я ще нікого не знав, і напрацьовувати свій соціальний капітал мені потрібно було з нуля, тому я свідомо й системно відвідував тренінги, курси і семінари. Я обирав найкращі освітні і світські заходи, що проходили в Києві, з метою познайомитися там із цікавими людьми, які, можливо, будуть корисними в майбутньому. Саме інвестиції у зв'язки та у навчання, що їх я встиг зробити до того моменту, виявилися моїм єдиним капіталом, який не прогорів.

Фокус на саморозвитку як головному ресурсі завжди превалював, був першою скрипкою в оркестрі моїх устремлінь і мотивацій. Досвіду виживання в непростих життєвих ситуаціях після пригод в Англії мені було не позичати, моя мережа зв'язків залишилася при мені, і, спираючись на ці напрацювання, я мусив заново відбудовувати своє життя. І моя мережа контактів знову «спрацювала». Несподівано зателефонував мій новий знайомий, з яким ми не так давно спілкувалися на одному із семінарів, і запропонував увійти в команду відділу земельних проєктів великої міжнародної компанії, яка щойно з'явилася у країні,— він якраз підбирав туди співробітників. У порівнянні з моїм попереднім доходом ця фінансова пропозиція виглядала, м'яко кажучи, малопривабливою, але я чітко розумів, що, погодившись, отримаю доступ до колосального ресурсу: у мене з'явиться можливість під брендом міжнародної компанії напрацьовувати стосунки абсолютно іншого рівня — з найбільшими інвесторами і девелоперами, які заходили на український ринок. Мені запропонували стати агентом з питань землі і працювати безпосередньо з першими особами найбільших іноземних компаній. Побачивши в цьому неймовірну перспективу, я відразу ж погодився. **Це повністю відповідало моїй стратегії «перспектива важливіша за гроші», а формування зв'язків і відносин для мене завжди означало більше, ніж поточний заробіток.** Це стало програмою, яка буквально прописалася в моїй голові і поки що жодного разу не підвела при виборі наступного кроку.

Заради справедливості слід визнати, що за рік роботи в тій компанії я так і не уклав жодної угоди, хоча дуже старався і був близький до того. Зате я познайомився з багатьма поважними і цікавими людьми зі сфери нерухомості. У цій компанії я відпрацював один рік, і весь цей рік я активно розмірковував над тим, чого ж бажаю насправді. Мені не хотілося повторювати помилку студентських років і гаяти час на те, що було «під рукою», або те, що було «в тренді». Я хотів знайти свій шлях — віддавати себе тільки тій справі, яка мене надихала і виходила якнайкраще. Я все частіше згадував студентські роки і свій перший клуб — «Молода еліта», і ці спогади пробуджували ентузіазм і потужну мотивацію. Поступово приходило розуміння, що я, як і раніше, хочу об'єднувати людей, але тепер вже успішних людей з бізнесу. А оскільки близько трьох років я працював на ринку нерухомості і певні зв'язки та досвід у мене вже були, то й ідея народилася досить швидко: мені спало на думку створити закритий діловий клуб для перших осіб цього ринку. Ним став галузевий клуб у сфері нерухомості Ukrainian Real Estate Club.

Я вирішив вивчити ринок і почав шукати вже існуючі подібні об'єднання і, на свій подив, виявив, що їх практично немає. Проводилось багато окремих конференцій та івентів, які регулярно збирали учасників ринку; було одне профільне об'єднання («Асоціація будівельників України»), яке увібрало в себе велику кількість галузевих компаній і лобіювало їхні інтереси, але того, що задумав я, не існувало. Це була абсолютно нова ніша і принципово інша модель спільноти: закритий клуб, що об'єднує особистостей, а не компанії. Його членами мали стати перші особи бізнесу (власники і CEO), а ключовою ідеєю — не лобізм, а розвиток і співпраця лідерів бізнесу як особистостей.

Інтуїтивно я був упевнений, що моя ідея спрацює, але як зробити так, щоб вона припала до душі всім тим, кого я збирався об'єднати? З якого дива всі ці вкрай серйозні люди мали б повірити в успіх поки що неіснуючої організації і влитися в її ряди? Для мене це стало справжнім викликом. Мого тодішнього авторитету для такого розмаху було явно недостатньо, отже, не можна було робити акцент на своїй персоні — його належало змістити на саму ідею клубу, на людей, які у нього ввійдуть, та на їхні інтереси.

Забезпечивши клубу якісну публіку і серйозний контент, ми зробили те, чого до нас не робив ніхто.

Гранично чітко й виразно я розписав концепцію клубу, провів аналогії з подібними об'єднаннями на Заході, а потім почав опрацьовувати критерії відбору майбутніх учасників, адже саме за критеріями можна було закріпити статус людей, які туди увійдуть. Далі діло пішло швидше: мені залишалось тільки знайти перших членів клубу і почати його розвивати. У зв'язку з цим прийшло рішення організувати великий івент і запросити на нього всіх, до кого тільки можна було дотягнутися. Я задіяв усі свої контакти і залучив до проєкту партнерів, щоб спільними зусиллями розширити список запрошених учасників. Нам вдалося організувати перший івент, на якому зібралося понад сорок осіб. Він пройшов як презентація майбутнього клубу, внаслідок чого кілька людей зацікавилося перспективою стати його членами. Цього було достатньо, щоб клуб народився і почав довгий шлях свого розвитку.

Забезпечивши клубу якісну публіку, серйозний контент і цікаві івенти на вищому рівні, ми зробили те, чого до нас не робив ніхто. Оскільки на той момент в Україні клубів практично не існувало (крім хіба що сигарного), інтерес до нового проєкту був досить високим, і буквально за якихось три роки до нас приєдналося близько ста доволі статусних учасників. Втім, я і сам серйозно змінився і значно підріс у своєму соціальному статусі. **Використавши можливості побудови сильного соціального оточення, створені мною самим, я фактично оточив себе людьми, з яких 90 % були у чомусь успішнішими і вищими за мене, і це допомагало мені дуже швидко рости й розвиватися.** А комбінація двох чинників — вдалої ідеї і фокуса на учасниках клубу, який я зробив своїм головним принципом об'єднання людей і в майбутньому,— спрацювала на подвійний успіх: мій і нашого проєкту.

> *Я оточив себе людьми, 90 % яких були в чомусь успішнішими за мене, і це допомагало мені дуже швидко рости й розвиватися.*

Так за досить короткий час я отримав підтвердження того, що не всі інвестиції безпосередньо пов'язані з фінансами або реальними матеріальними активами.

Навіть сьогодні я, вже цілком успішна людина, як і колись переконаний, що найкраща інвестиція — це інвестиція в розвиток себе і своїх персональних зв'язків. **На відміну від акцій та інших матеріальних активів, міцні соціальні зв'язки ніколи не знеціняться. Вони так само, як і набуті знання і досвід, є найстійкішою валютою у світі і завжди, незалежно від зовнішніх обставин, залишатимуться з нами. Саме ставка на розвиток широкої мережі контактів на самому початку мого кар'єрного шляху дала мені можливість реалізувати свої амбіції, краще зрозуміти себе і визначити напрямок свого подальшого руху.**

Тоді я ще не знав багато чого з того, що знаю тепер, але я бачив у дії негласний закон соціальності: правильно побудовані стосунки ведуть до незвичайних і глобальних змін у нашому житті, тільки вони дають людині можливість посилювати свої позиції і переписувати найважливіші життєві сценарії. Це працює абсолютно дивовижним чином: чим більший вплив свого єдиного поля (оточення) ви відчуваєте, тим більше зростання вам гарантоване. **Коло спілкування непомітно підштовхує вас до таких змін, які без нього з вами ніколи б не відбулися: змінюються ваша свідомість, мислення і ваша сутність.**

Якщо ви читали автобіографії всесвітньо відомих лідерів бізнесу, то не могли не помітити, що всі вони сформували свою внутрішню силу через стосунки. Професор Каліфорнійського університету в Лос-Анджелесі, всесвітньо відомий нейробіолог Деніел Сіґел у своїх дослідженнях роботи мозку в контексті стосунків ввів поняття «трикутник благополуччя». У цьому трикутнику є три елементи, які визначають нашу діяльність і результативність: тіло + мозок, соціальні зв'язки і наша свідомість. Свідомість регулює інформацію і присутню в нас енергію для оптимальної життєдіяльності, а соціальні стосунки буквально формують наше мислення і навіть розумові здібності. Так, подібно до того, як у люблячих родинах в атмосфері підтримки і довіри виростають більш здібні й розвинуті діти, якісно сформоване оточення дорослої людини виводить її на нові рівні розвитку і підтримує набуті навички.

Як частина міцної соціальної системи зв'язків, ми набагато краще налагоджуємо стосунки з іншими людьми, стаємо більш емпатичними, в рази легше переносимо невдачі і долаємо стрес, а отже, стаємо набагато стійкішими в житті. І оскільки сьогодні вже доречно говорити про побудову свого успішного життя як про стратегічний план дій, то, мені здається, перш за все він полягає в тому, щоб нарощувати соціальний капітал і постійно вчитися цьому як мистецтву, як майстерності, як професії.

Розділ 4

ПЕРЕХРЕСТЯ

Визначити свою мету — це як знайти Полярну зірку. Вона стане для вас орієнтиром, якщо ви ненароком зіб'єтесь зі шляху.

Маршалл Едвард Дімок

Отже, як я вже зазначав раніше, Ukrainian Real Estate Club був створений інтуїтивно, без досвіду, але з великим ентузіазмом. Три роки по тому клуб став досить відомим та успішним у своєму сегменті — і продовжував активно розвиватися. Проте я знову відчув ефект «скляної стелі»: мені хотілося розвитку, але рухатися вище я не міг через якісь обмеження, мені чогось не вистачало, щось було не так.

Я вже точно знав, що об'єднувати людей у клуби — це стовідсотково та справа, якій я хотів би себе присвятити. Вона давала мені енергію, надихала, мотивувала до дій і, до речі, добре виходила — про це я міг судити з цілком конкретних результатів. У пошуку джерела внутрішнього дискомфорту я дійшов висновку, що формат клубу мені не зовсім підходить з двох причин.

По-перше, Ukrainian Real Estate Club був у першу чергу галузевим клубом і об'єднував тільки гравців ринку нерухомості. Це значно обмежувало коло спілкування, а також список тем і питань, довкола яких оберталося життя клубу; мені ж хотілося спілкуватися з представниками різних сфер бізнесу. По-друге, через відсутність серйозного досвіду ми створили цей клуб швидко, тож початкові критерії відбору були досить формальними: «якщо ти перша особа великої будівельної або девелоперської компанії — ти у клубі». Найімовірніше, іншого підходу в галузевих організаціях і не повинно бути, але особисто мене це серйозно обмежувало. Адже члени клубу — це люди, з якими я спілкуюся і взаємодію постійно протягом величезної кількості часу, а отже, вони заповнюють практично все моє активне життя. І мені хотілося, щоб члени клубу сформували насамперед спільноту людей з тотожними цінностями, стали друзями і зробили клуб живим та органічним.

Міцні соціальні зв'язки ніколи не знеціняться, на відміну від акцій та інших матеріальних активів.

Я розумів, що рішення може бути тільки одне: вийти з цього успішного і перспективного проєкту (Ukrainian Real Estate Club) і почати створювати з нуля таку спільноту, яка б якомога краще відповідала моєму розумінню ідеального клубного світу. Я знав ціну компромісам і розумів: якщо я хочу створити щось унікальне й неповторне, про пóступки доведеться забути. І це було одним з найважливіших рішень у моєму житті — присвятити себе на сто відсотків своїй справі.

Можливо, це затерта істина, але наше життя і справді занадто коротке, щоб витрачати його на чужі проєкти і на ті справи, які не відповідають нам і нашим внутрішнім запитам. І якщо ми хочемо досягти серйозних успіхів в житті і кар'єрі, ми повинні віддавати сили тільки тим справам, які приносять непідробне задоволення від процесу. Справжній успіх — це не фінансові показники й результати, а те діло, яке ми готові робити із задоволенням від світанку до заходу сонця і яке приносить блага не тільки нам, а й іншим людям. До речі, я і після того неодноразово полишав комерційно успішні проєкти, якщо вони віднімали у мене дорогоцінний час та енергію і не відповідали моєму головному внутрішньому запиту.

Зрештою, по-справжньому видатним можна бути тільки в чомусь одному. Той, хто розпорошується на багато справ, залишиться посереднім. Усвідомивши, що мій шлях — це розвиток клубних спільнот, я вирішив утримувати свій фокус на цьому, оскільки був переконаний, що лише глибока концентрація на головному дозволяє досягти значних результатів. Річ у тому, що багато хто з успішних і діяльних людей потрапляє на своєму шляху у класичну пастку: чим активніше ти розвиваєшся і рухаєшся вперед, тим більше цікавих проєктів зустрічаєш на шляху, і їхня кількість зростає у геометричній прогресії. Іншими словами, чим успішнішим ти стаєш, тим більше можливостей у тебе з'являється. Адже ти і справді досяг успіху саме тому, що вміло використовував можливості, був дуже активним в роботі з ними і взяв їх у свою орбіту, не пропускаючи нічого цікавого й перспективного.

Проте це небезпечний шлях, на якому ми часом втрачаємо не тільки своє покликання, а й смак до життя. Долучаючись до безлічі перспективних і цікавих проєктів, ми починаємо розсіювати фокус, зміщуємо його з нашої найголовнішої і найважливішої справи, у якій ми здатні не тільки досягти вершин, а й реалізувати себе й отримати справжнє задоволення від життя. Свого часу, опинившись саме у такій ситуації, я твердо вирішив, що моя головна справа — розвиток клубів та інших спільнот. Це моє ремесло, у якому я повинен ставати майстром і постійно підкорювати все нові і нові вершини, спрямовуючи фокус і свою енергію саме сюди.

«Але як бути з новими привабливими можливостями і проєктами?» — спитаєте ви. Я визначив для себе досить чіткі межі й умови, відповідно до яких звертаю особисту увагу на щось нове або роблю інвестиції. Головне тут — тотожність моїм внутрішнім запитам. Будь-який новий проєкт, що його я міг би розглядати як об'єкт докладання зусиль, уваги і часу (так само як і фінансових інвестицій), мусить відповідати моїм цінностям, моїй місії і моєму життєвому шляху. Він повинен обов'язково посилювати те, на що я витрачаю сили, бути в синергії з моїм головним завданням — розвитком клубів — і не віднімати від цієї першочергової справи мої час та енергію. Не менш важливою є і особистість того, хто цей новий проєкт представляє:

ця людина повинна стати моїм надійним і комфортним партнером з усіх питань управління і розвитку проєкту, причому моя роль залишається виключно допоміжною, факультативною і пасивною.

Тому, керуючись викладеними вище принципами, я вирішив повністю вийти з проєкту Ukrainian Real Estate Club, залишившись на певний час членом ради клубу. Я щиро радий, що мої колишні партнери й колеги і сьогодні продовжують успішно розвивати цей клуб, і нині Ukrainian Real Estate Club значно трансформувався і став по-справжньому успішною і прогресивною спільнотою на ринку нерухомості країни. Ця група дуже активна і помітна, організовує в Україні та у світі чимало корисних і цікавих заходів у своїй галузі.

Я ж, обравши свій, окремий шлях створення нового клубу, вирішив не поспішати. Мені було вкрай важливо вивірити й синхронізувати із собою всі грані майбутнього проєкту і всі важливі аспекти того, що я планував створити.

Прототип моєї ідеальної спільноти передбачав насамперед максимальну диверсифікацію за галузями, і все ж мені дуже хотілося, щоб зв'язки між членами клубу були не просто формальними, а щирими і дружніми. У цей «ідеальний світ» мені хотілося запросити «ідеальних громадян», з якими я міг би разом розвиватися, рости, співпрацювати, відпочивати, пізнавати світ і створювати щось корисне. Озброївшись цим баченням, я планував сформувати не стільки окреме співтовариство як місце для дозвілля, скільки цілісний і живий світ для гармонійного повноцінного життя. А отже, в основі цього нового клубу цілком і повністю мали б лежати людські, а не формальні критерії. Я чудово пам'ятав ще зі шкільної лави, як відштовхує формальність, і всіма силами її уникав. У психології розвитку існує таке поняття — «йти за своїм інтересом». Тоді я ще нічого не знав про це, але інтуїтивно саме так і чинив: **знайшовши своє ремесло, усвідомивши свої сильні сторони й можливості і підживлюючи їх ентузіазмом, людина здатна продемонструвати потужний прогрес і досягти дивовижних результатів як для себе, так і в соціумі.** Згодом саме це визначило камерний формат CEO Club, який і став головною візиткою розвитку клубу і стосунків всередині нього.

Фокус на людських стосунках можна вважати однією з головних складових ідеології і концепції справжнього клубу.

Упевнений, що саме **фокус на людських стосунках, а не на бізнес-статусах учасників можна вважати однією з головних складових ідеології і концепції справжнього клубу.** Спочатку втіленням цієї ідеології був я сам як засновник і керівник CEO Club, але згодом вона стала просочувати буквально все, що відбувається всередині нашої спільноти, яка синхронізована з даною ідеологією і розвивається саме в такому векторі. Уся наша команда стала прихильницею цінності «вміти відчувати кожного», тому всі процеси комунікації всередині клубу підпорядковані лише одній меті: дати кожному при першій-ліпшій можливості зіграти головну роль. Стверджуючи це, я переконаний, що, незалежно від моєї присутності, атмосфера клубу залишиться незмінною, оскільки кожен співробітник і член клубу давно став носієм цієї ідеї й усвідомлює, що саме від його здатності і готовності бути «між», а не «над» людьми залежить та унікальна аура клубу, де кожне особливе «Я» доповнюється щирим і сильним «МИ».

Розділ 5

ВИТОКИ

О, ці горезвісні англійські клуби — маленькі клани, держави в державі, двері яких зачинені для інших смертних.Для англійця соціальний стан — це перш за все його клуб.

Гордон Лонсдейл

Звісно, я не перша і не єдина людина у світі, яка усе це придумала і побудувала. Спираючись на попередній досвід, ми всі створюємо нові версії старого і незмінно привносимо в них часточку себе. Подивімось на історію цивілізації: клуби, гільдії, ордени, ложі, інші об'єднання… Усе це з'являлося в різних формах з моменту появи людини на планеті й існує понині. Уже в стародавні часи люди розуміли, що їм вигідно об'єднуватися в невеликі групи, бо це дає додаткові переваги для виживання. Так легше захищатися від небезпеки, добувати їжу і, зрештою, так веселіше жити. Вся історія людства свідчить про те, що об'єднуватися з іншими — це і наша природа, і запорука нашого виживання, розвитку та щастя.

Ділові клуби, що нагадують сучасні, виникли приблизно триста років тому, тоді як перші риси клубної індустрії почали проступати ще наприкінці XVII століття у Великобританії. Саме там стали з'являтися клуби для джентльменів як найбільш інтелігентної і розвиненої частини англійського суспільства. Високоповажні британські чоловіки хотіли організувати своє дозвілля в колі людей, рівних за статусом і зі схожими інтересами, і зробити його різноманітним та насиченим. У таких клубах було заведено не тільки обідати, обговорювати свіжу пресу або грати в карти, а й повноцінно спілкуватися. І тоді поверхові розмови про політику і жінок поступово переростали у почуття взаємної симпатії, виявляли спільність поглядів і будували довіру, а згодом досить часто трансформувалися і в ділові союзи. Усе це зробило клуби відмінним місцем для ділових переговорів.

Об'єднуватися з іншими — це і природа людини, і запорука її виживання, розвитку і щастя.

Найпрестижніші райони Лондона зарясніли вивісками перших клубів, названих, звичайно ж, за прізвищами їхніх засновників: Almack's, Brooks's, White's… На момент сходження на трон королеви Вікторії їхня кількість вимірювалася вже в тисячах, а допускали туди лише чоловіків. Та з часом через високу конкуренцію досить консервативні правила клубного допуску почали змінюватися, припускаючи появу інших, більш відкритих клубів, у які, наприклад, вже дозволялося вступати жінкам (той самий вищеназваний

Almack's, який протримався трохи більше ста років). Слідом за гендерним питанням став змінюватися і концепт самого клубу: крім суто «джентльменських» і ділових з'явилися товариства за різними інтересами: клуби любителів театру, спортивні, літературні, професійні. Клуби почали відрізнятися також і за формами власності, з часом розділившись на ті, де інвесторами були самі члени клубу, і ті, у які вкладали гроші незалежні інвестори.

Критерії, за якими відбирають членів клубу, завжди визначають його зміст, цілі і почерк.

У США найактивніше розвивалися заміські клуби, в цілому схожі на англійських прабатьків, але більш розважального характеру. Там, за океаном, у клубах частіше влаштовували бали, грандіозні світські раути та інші івенти з розмахом, приводом для яких часто служили важливі події і дати. З початком Великої депресії і Другої світової війни у клубному житті багато що змінилося: як і для більшості сфер, для клубного руху настав нелегкий період. На тлі історичних подій багато які ком'юніті навіть почали запрошувати до своїх лав тих, хто служить в армії і до того ж фізично перебуває неподалік від клубу, і така опція трансформувалася у новий вид членства.

В процесі еволюції клуби, безумовно, зазнавали чимало значних змін. Наприклад, сучасні європейські й американські клуби роблять акцент переважно на бізнесі. Така тенденція виникла після Другої світової війни, коли підприємцям була життєво важлива підтримка в непростих економічних умовах. Клуби того періоду найчастіше з'являлися як спільноти всередині певної галузі: людям було потрібно десь вести дискусії про бізнес, виробляти стратегії розвитку й обмінюватися досвідом.

Чому ж клубна система виявилася настільки популярною і живе донині? У першу чергу тому, що, крім розваг, **членство в клубі давало можливість в одному місці отримати доступ до певного кола людей, яких просто так на вулиці не зустрінеш. Адже знайти подібних собі — закон виживання, який неможливо ігнорувати.**

Сьогодні в США і Європі існують тисячі клубів будь-яких форматів. Запит на особистісну трансформацію, пошук нових шляхів розвитку бізнесу, налагодження продуктивних ділових зв'язків і нових бізнес-знайомств і потреба в доступі до експертної оцінки, яку можуть надати інші гравці, зробили більшість сучасних бізнес-клубів фактично «клубами знайомств» для підприємців. І ще одна важлива ремарка: **клуби — це найпотужніша можливість зростання для молодих бізнесменів, які перебувають у пошуку свіжих ідей та фінансових інвестицій і відчувають величезну потребу в обміні досвідом.** Крім того, для молодих підприємців це чудова можливість познайомити зі своїми ідеями зрілих бізнесменів і потенційних інвесторів, що означає доступ до досвіду акул бізнесу і підтримку у вирішенні ділових проблем.

Сама історія наочно демонструє, що потреба об'єднуватися була у людини споконвіку. Разом з тим головні риси спільнот (клубів) завжди безпосередньо залежали від того, у який історичний період та з якою метою вони створювалися і ким були їхні учасники. Саме критерії, за якими відбираються члени клубу, визначають його зміст, цілі і почерк. Хто ті люди, які хочуть стати єдиним цілим? Які цінності вони сповідують? Як вибрати «своїх» з-поміж «усіх»? Як не допустити в тонке камерне середовище клубу сторонні елементи, не відповідні його істинній атмосфері?

Розуміючи, що для створення по-справжньому міцного клубу відповіді на ці питання мають колосальне значення, я вирішив сконцентруватися на тонкощах персональної селекції. Мені хотілося чітко слідувати своїм амбітним цілям. Минули часи, коли я сприймав їх як соціальний виклик. Сьогодні я вважав їх справжнім мистецтвом, яким мені було необхідно оволодіти.

Розділ 6

КЛУБ — ЦЕ ЛЮДИ

— А де я можу знайти когось нормального?
— Ніде,— відповів Кіт,— нормальних не буває. Адже всі такі різні й несхожі. І це, як на мене, нормально.

Льюїс Керролл

Розглянувши перелік можливих критеріїв, я без жодних вагань визначив з-поміж них перший і головний: людські якості. **Клуб — це люди: яких людей ти змішуєш, такий «коктейль» і отримуєш на виході.** А отже, все залежить від чітких критеріїв відбору тих, кого ти об'єднуєш. Це принципово важливо — об'єднувати людей зі схожими цінностями, з бездоганною репутацією і розвиненим емоційним інтелектом, готових співпрацювати, ділитися, відкриватися і допомагати одне одному. Я переконаний на всі сто: якщо проігнорувати відбір за людськими якостями, серйозного клубу не вийде. Таке об'єднання може стати тусовкою, нетворкінгом — та чим завгодно, але тільки не клубом. Я чітко бачив, що клуб — це живий організм, і не хотів повторювати помилку, якої припустився з Ukrainian Real Estate Club, де на перший план ми вивели формальні бізнес-критерії. Я вивчив цей урок і тепер чітко розумів: якщо ми дійсно хочемо створити клуб, визнати за найважливіше слід людину, а не її статуси. Повторюю цілком свідомо: **фундаментальна основа створення живого клубу як території з довірчими стосунками — це покладені в основу людські якості.**

Звичайно ж, бізнес-критерії у моєму списку параметрів теж були присутні, і я розумів, що за їх декларацією має слідувати чітка відповідність реальному стану речей,— цього, між іншим, не так вже й дотримувалися існуючі на той час об'єднання. Мало того, критерії відбору в інші спільноти самі по собі іноді були досить дивними. Наприклад, існували організації, які заявляли, що «об'єднують бізнесменів малого, середнього та великого бізнесу» і початківців на додачу. Та я маю сміливість стверджувати, що це хибний шлях, який не дасть потрібного результату. Люди у клубі повинні бути цікаві одне одному, мати загальне поле для спілкування і розвитку, а отже, знаходитися якщо не в одному статусі, то хоча б у схожих.

Клуб — це люди: яких людей ти змішуєш, такий «коктейль» і отримуєш на виході.

Створення якісної клубної спільноти вимагає роботи з безліччю відбіркових критеріїв, і всі вони мають бути детально прописані. Це — грані людей. І чим точніше вони визначені, тим простіше людей об'єднувати, адже їм буде легше зійтися. Розглянемо це на кількох прикладах взаємодії різних представників бізнесу. Наприклад, ви прийняли у клуб людину з відверто сумнівною репутацією. Це неминуче вплине на зовнішню репутацію клубу, а також призведе до низького рівня довіри всередині нього. Не виключено також, що ця людина згодом поведе себе неетично або навіть завдасть шкоди конкретним членам вашої спільноти.

Інший приклад: два успішних бізнесмени, у яких, на перший погляд, і з діловою репутацією все гаразд, і поведінка досить етична, але їхній внутрішній світ, рівень розвитку і ставлення до оточуючих абсолютно різні. Скажімо, один з них — людина широких поглядів, з високою мотивацією розвитку, яка читає багато книжок, націлена «віддавати» (про що свідчать, наприклад, її благодійні проєкти і системна допомога одноклубникам), а другий орієнтований переважно на те, щоб «брати», і не готовий зайвий раз комусь допомогти, та й крім прагматичних і грошових питань більше нічим не цікавиться. За зовнішніми (формальними) ознаками вони нічим особливо не відрізняються, а от за внутрішніми цінностями між ними прірва. І саме для того, щоб створити сильну і стійку спільноту, потрібно у першу чергу враховувати внутрішні якості людей і тільки потім — зовнішні. Якщо формувати клуб, ґрунтуючись лише на формальних критеріях, то він і вийде формальним, адже створити територію довіри і налагодити щиру співпрацю між людьми в такому клубі практично неможливо. Це буде більше нагадувати тусовку бізнесменів, ніж клуб, оскільки людей важливо об'єднувати довкола певних цінностей, які є спільними для всіх. Цінності — це і є фундамент і душа вашого клубу. Цінності — це те, у що ми віримо, що поважаємо і що готові відстоювати. Їх може бути багато, але вам потрібно вибрати три-п'ять ключових і перевіряти кожного кандидата на відповідність вашим цінностям. Саме такий відбір людей є тим інструментом, який допомагає сформувати по-справжньому сильне співтовариство.

Існує ще одна типова помилка, пов'язана із формуванням критеріїв, яка також дуже впливає на можливість створення гармонійної спільноти і про яку я коротко згадував на початку розділу. Наприклад, є два успішних бізнесмени з високою репутацією, які поділяють схожі цінності, але мають абсолютно різні фінансові статуси і можливості: один — власник великого й успішного бізнесу, підприємець з двадцятирічним досвідом і з виручкою компанії, скажімо, 50 мільйонів доларів на рік, а інший — бізнесмен з двох-трьохрічним досвідом, який фактично тільки розпочав свою справу і в бізнесі робить перші кроки. Цілком очевидно, що їм буде досить складно знайти спільну мову і принаймні одному з них навряд чи буде цікаво з іншим. І якщо у клубі опиниться багато людей з принципово різними бізнес-статусами, досвідом і можливостями, ви отримаєте швидше стартап-платформу або бізнес-інкубатор, де підприємці-початківці «продаватимуть» свої ідеї, залучатимуть кошти і шукатимуть наставництва зрілих бізнесменів. Звичайно, такі формати теж існують, але це вже зовсім інша концепція, яка не переслідує ціль створити гармонійне співтовариство рівних, де панують взаємна довіра, підтримка і повноцінний обмін. Тобто подібно до того, як люди з однаковим статусом, але різними цінностями, швидше за все, по-справжньому «не зустрінуться», так само і люди зі схожими цінностями, але з різними статусами не притягнуться одне до одного. А отже, тільки **ювелірне налаштування ключових принципів створення клубу є запорукою успішності клубної спільноти.**

Покажу, як це працює, на прикладі CEO Club. Перегляд і трансформація клубної матриці — це живий, динамічний і постійний процес, який супроводжує співтовариство протягом усього часу його існування, але ми формуємо суть майбутнього клубу саме проєктуванням певних критеріїв, а отже, з них і потрібно починати будь-який подібний проєкт. Принципи, за якими люди потрапляють у CEO Club,— це ціла система, яка в нашому випадку визначена трьома групами критеріїв. Вони тісно пов'язані між собою і є тим фундаментом, на якому побудовано весь процес відбору членів клубу.

Перша група критеріїв — особисті цінності і репутація. Саме ці чинники визначають найголовніше: що за людина той чи інший кандидат, наскільки він здатний до взаємодопомоги і відкритий для співпраці, чи близькі йому місія і цінності задуманого вами клубу. Це основа основ, і, якщо цінності людини не збігаються із цінностями клубу, ми не можемо далі розглядати її кандидатуру на вступ, бо формуємо клуб людей зі схожими цінностями. Прагнення до постійного саморозвитку, готовність брати активну участь у клубному житті і допомагати одноклубникам, розвинена соціальна відповідальність, повага і визнання цінності інших — усе це вкрай важливо для співпраці і життя всередині спільноти. Також нас цікавить особа кандидата. Чим він живе? Що ним рухає? Які книжки він читає? Чим цікавиться крім бізнесу? Які має захоплення?

У свою чергу, хороша репутація свідчить про те, що людина досягала своїх результатів не на шкоду іншим, а зважаючи на інтереси оточуючих і поважаючи їх. Це означає, що з такою людиною можна співпрацювати і дружити, їй можна вірити: вона доводила це протягом всього свого життя, коли проходила випробування грошима, славою, етикою в конкуренції тощо.

Ювелірне налаштування ключових принципів створення клубу — запорука успішності клубної спільноти.

Критерії цієї групи є визначальними для вступу в клуб, тож якщо людина не відповідає вищезгаданим вимогам, ми змушені їй відмовити. Не має значення, який соціальний статус у цієї людини, наскільки вона відома і чи багато в неї мільйонів. Буду відвертим: в процесі розвитку CEO Club нам довелося багатьом відмовляти через розбіжності у цінностях або погану ділову репутацію, викликаючи невдоволення людей, але, на жаль, тільки так можна сформувати успішну спільноту.

Друга група — бізнес-критерії. Ми не об'єднуємо в одному клубі політиків, чиновників, громадських діячів і бізнесменів — ми об'єднуємо тільки бізнесменів. Не кажу, що об'єднати представників різних сфер соціального життя неможливо, просто створення такої спільноти — це вкрай складне завдання. Працюючи саме зараз над розвитком клубу з такою концепцією, можу упевнено сказати, що цей формат вимагає абсолютно іншого підходу, заснованого на інших принципах та з іншими завданнями. До речі, приклади клубів, які об'єднують представників еліт різних соціальних груп, можна знайти в Америці та Європі. Там такі клуби є важливою інституційною соціальною інфраструктурою для підтримки стратегічних дискусій довкола найважливіших аспектів розвитку країни і тісно взаємодіють з державою у багатьох різноманітних площинах. В Україні ж нам поки що тільки належить запустити процес створення подібних клубів.

Об'єднувати людей, що належать до однієї соціальної групи, завжди простіше. І оскільки в Україні на сьогодні найбільш структурованим соціальним середовищем є бізнес, са́ме бізнес-об'єднання у нас розвиваються дуже активно.

Отже, ми в CEO Club об'єднуємо виключно бізнесменів, застосовуючи до кандидатів три важливих бізнес-критерії.

- Претендент має бути першою особою компанії (власником або топ-менеджером), тобто людиною, яка приймає стратегічні рішення в бізнесі. Зараз в CEO Club у цій категорії баланс статусів такий: 75 % членів — власники, 25 % — топменеджери.

- Бізнес-досвід кандидата повинен становити не менше десяти років (якщо він власник), так само як і досвід роботи на топових позиціях (якщо це топ-менеджер). Логіка дуже проста: якщо у людей є великий бізнес-досвід, вони знайдуть, чим обмінюватися, зможуть налагодити якісний зв'язок і будуть одне одному корисні.
- Кандидат має бути представником великого чи середнього бізнесу. Граничний показник для вступу — річна виручка компанії від 10 мільйонів доларів.

Третя група критеріїв — концептуальні. Вони вкрай важливі, оскільки саме ці критерії корелюють з ідеєю розвитку клубу як цілісного живого організму, тож побудований відповідно до них клуб має всі шанси стати сильним, впливовим і цікавим. Свого часу ми визначили, що в нашому клубі має бути не більше 300 осіб. Але хто вони і як ми їх відбираємо? Тут застосовується принцип максимальної диверсифікації: члени клубу повинні представляти різні індустрії і сфери, різні міста, вони можуть бути чоловіками і жінками, молодими і старшого віку, і ми дуже чітко збалансовуємо цю модель. Наприклад, у нашій матриці закладено, що 240 осіб — це представники бізнесу з Києва, а 60 — з інших великих міст країни. Також ми визначили всі індустрії, представників яких хочемо бачити у своєму клубі. До речі, за якимись індустріями у нас квоти вже закрито, тож із цих галузей ми нікого брати вже не можемо, а за деякими індустріями виставляємо додаткові критерії. Наприклад, з компаній, які представляють ретейл-сектор, ми беремо учасників тільки за умови, що оборот компанії становить понад 100 мільйонів доларів. А іноді виходить так, що здобувач відповідає нашим людським і бізнес-критеріям, але не вписується у квоту (наприклад, у нас вже є 20 % топ-менеджерів у цій категорії) — і в такому випадку ми теж змушені йому відмовити. Або, скажімо, якщо кандидат — представник фармацевтичної сфери, а у клубі вже є чотири представники цієї індустрії, тоді ми теж не зможемо його прийняти.

Можливо, на перший погляд такий відбір здається доволі жорстким, але саме така матрична диверсифікація дозволяє нам, прицільно заповнюючи кожну клітинку, сформувати по-справжньому різноплановий і потужний клуб. І саме завдяки таким принципам відбору людей у нас є представники всіх індустрій і доступ до будь-яких експертиз на перетині всіх можливостей. Також завдяки цьому ми рівномірно покриваємо всю Україну, і не має значення, що обласне місто в клубі представляють лише дві особи: якщо вони найвидатніші бізнесмени міста, цього цілком достатньо, щоб мати вплив і ділові можливості в цьому регіоні.

Таким чином, чітко визначивши три групи критеріїв і методично працюючи за ними з усіма кандидатами, ми кожного разу підтверджуємо цілісність клубу.

Як головний аргумент на користь найсуворішого відбору і вміння витримувати критерії наведу приклад, що вичерпно демонструє важливість дотримання критеріїв при відборі та їхнє вирішальне значення у подальшому. Чому студенти Гарварду кращі у світі? Секрет в тому, що цей навчальний заклад відбирає ***вже*** кращих із вхідного потоку бажаючих, на самому старті. І це головний принцип Гарварду. Все дуже просто: тут не ***створюють*** кращих, сюди ***беруть*** кращих. Так само й від того, яких людей ти береш у клуб, залежить те, яким він буде. Ось чому люди, що потрапили в такий простір, згодом неминуче відчувають: це не просто тусовка, не просто корисне і приємне спілкування, а глибока цілісна екосистема, бути частиною якої — великий успіх.

Клуб — це не просто тусовка чи корисне спілкування, а й глибока цілісна екосистема, бути частиною якої — великий успіх.

Розділ 7

ТЕРИТОРІЯ ДОВІРИ

Довіра — це прагматичний, матеріальний і працездатний актив, який ви можете створювати, причому набагато швидше, ніж могли припустити.

Стівен Кові

Спільне в людей тільки одне: всі вони різні. І недостатньо лише визначити правильні критерії відбору, якщо стоїть завдання організувати успішних людей і створити в усіх смислах корисний і розвиваючий їх простір. Складність у тому, що це стає можливим лише тоді, коли тобі вдається зібрати не «команду зірок», а «зоряну команду». І тут я хочу звернути увагу всіх майбутніх та існуючих засновників і керівників клубів на те, що я від самого початку проєктував і будував клуб як ***єдиний і цілісний живий організм.*** Не як тусовку бізнесменів, не як формальне об'єднання, що організовує івенти для підприємців, а як живий організм. І саме цей підхід і погляд на розвиток клубу зробив CEO Club таким, яким він є сьогодні.

Виникнення довіри між учасниками, створення дружньої атмосфери, інкорпорація і здорова пропаганда вивірених цінностей об'єднання, теплі взаємини між його членами, інтеграція нових учасників, продуктивна співпраця, практика взаємодопомоги, трансформація мікроконфліктів у позитив, коливання емоційного фону всередині спільноти — усе це тонкі матерії, якими потрібно усвідомлено й системно управляти і які при грамотному підході «склеюють» сильних успішних людей і створюють справжню цілісність клубного співтовариства. Цілком очевидно, що всі члени клубу здатні вибірково налагодити стосунки всередині нього самостійно, але для того, щоб клуб був живим організмом, його потрібно свідомо й цілеспрямовано розвивати саме в цьому руслі. І вкрай важливо розуміти, що це відповідальність, яка лежить на засновниках, ідеологах або професійному менеджменті клубу. Тобто це абсолютно предметний KPI — відповідати за формування цілісного живого організму, оскільки сам по собі гармонійно він ніколи не сформується. Недостатньо визначити правильні критерії, недостатньо організовувати івенти для членів клубу та знайомити їх між собою — треба постійно тримати фокус на формуванні клубу як цілісного організму. На жаль, мало хто усвідомлює це і розуміє, як цього досягти, але са́ме на такому тонкому рівні з невидимих матерій і формується різниця у класі і якості між спільнотами й об'єднаннями.

Існує думка, що весь навколишній світ на 99,9999 % складається з невидимих інформаційних структур (енергії) і тільки на 0,0001 % — з видимої матерії. Так і сильне співтовариство — це у першу чергу якийсь енергетичний простір, що являє собою суму енергій людей, які до нього входять. Крім того, такий простір завжди притягує, адже цю енергію відчувають і інші люди, які теж, нехай навіть підсвідомо, хочуть стати його частиною. Отже, клуб — це не тільки союз окремих людей з вивіреними цінностями, а й потужний енергетичний хаб, який транслює позитивну енергію в навколишній світ.

Таким чином, щоб сформувати цілісний живий організм, перш за все необхідно системно й цілеспрямовано створювати довіру всередині спільноти. Цього можна досягти кількома способами.

Транслюйте і просувайте ключові цінності спільноти. Для цього потрібно не на словах, а на практиці слідувати тим принципам, які були задекларовані в місії клубу від самого початку. Причому транслювати їх повинні перш за все лідери клубу або його ключові особи (засновники, члени ради, менеджмент-команда), оскільки саме вони задають тон у стосунках і вибудовують рольові моделі всередині спільноти.

Створюйте досвід спільних колективних історій успіху. Це важливо робити на постійній основі: організовувати спільні ініціативи і проєкти й активно залучати до них членів клубу. Адже са́ме об'єднання людей довкола важливих колективних завдань сприяє якісному і швидкому формуванню довіри. Через спільну реалізацію великих проєктів формується відчуття єдності, приналежності, гордості за колективний результат — і зрештою люди стають ближче одне одному.

Прикладом таких проєктів, організованих за допомогою нашого клубу, може бути Generation+ — програма, за якою щорічно навчаються сто дітей з інтернатів та неблагополучних сімей. Протягом року програма допомагає таким дітям підготуватися до самостійного дорослого життя, визначитися з професією, напрацювати необхідні соціальні навички й усвідомити, що все залежить від тебе і всього можна досягти, якщо сильно того бажати. Це проєкт, який народився і визрів всередині нашої спільноти завдяки колективним зусиллям багатьох залучених у нього членів клубу. Ще один приклад проєкту такого масштабу — «Озеленення України»: клуб є одним з його ініціаторів і головним партнером. Наша мета — допомогти планеті в оновленні екосистеми, а також вплинути на велику кількість людей, змінивши їхнє ставлення до природи. Народившись в Україні, проєкт став планетарним (Greening of the Planet), і сьогодні до процесу висаджування дерев в Україні та по всьому світу ми залучаємо вже мільйони бажаючих. Якщо поглянути на цифри, то під час останньої акції, у квітні 2021 року, ми організували понад два мільйони учасників у 103 країнах світу і висадили за один місяць п'ять мільйонів дерев. Цей проєкт став можливим завдяки об'єднанню зусиль великої кількості однодумців як всередині нашої спільноти, так і по всій планеті. Щоб його реалізувати, CEO Club разом зі своїм партнером, Business Woman Club, заснував благодійний фонд «Озеленення України», у якому беруть участь багато членів нашого клубу: хтось допомагає фінансуванням, хтось — експертизою, хтось — потрібними контактами, і, звичайно ж, більшість просто висаджує дерева. Так, народившись в Україні, ця ініціатива стала планетарною.

Протягом всієї історії свого розвитку CEO Club запускає такі проєкти й ініціативи постійно, оскільки вони сприяють розвитку клубу як спільноти, підтверджуючи його вивірені цінності, а також формують довіру і дають людям розуміння того, що разом ми сила.

Організовуйте спільний емоційний досвід. Ще один дуже важливий інструмент для об'єднання людей — періодичні виїзні сесії, семінари або просто туристичні поїздки, які дозволяють спільно переживати яскраві емоції, оскільки однією лише організацією внутрішніх клубних івентів цього, на жаль, не досягти. Прикладами таких форматів в CEO Club можуть бути тижневі освітні виїзні семінари, які ми регулярно проводимо разом з «Аспен Інститутом» та іншими партнерами. До подібних важливих подій можна віднести і нашу недавню поїздку на Всесвітній економічний форум у Давос, де ми спільними зусиллями організували дискусійну панель з інвестицій в нашу країну. Групові поїздки в США, Ізраїль, Канаду, Казахстан, у яких в середньому беруть участь від 15 до 40 осіб, і спільні вітрильні регати та виїзні інтелектуальні заходи також є яскравим прикладом того, як клубна подорож може стати чудовим об'єднуючим емоційним переживанням і зміцнити довіру всередині спільноти.

Завжди захищайте своїх. Миттєва й безкомпромісна готовність захистити членів свого клубу перед лицем серйозних зовнішніх загроз, які часто виникають в полі ведення бізнесу,— дуже важливий аспект у зміцненні довіри до товариства і всередині нього. Впевненість у тому, що засновники й менеджмент неодмінно відреагують на ситуацію і прийдуть на допомогу постраждалому члену клубу в критичних ситуаціях, налаштовує на довірчі стосунки навіть тих, кому така допомога ніколи не знадобиться.

Постійно спостерігайте за внутрішньою атмосферою. Якщо ви особисто берете участь у заходах, спілкуєтеся з людьми, багато й уважно їх слухаєте і вмієте читати між рядків, ви завжди зможете помітити навіть найменший дисбаланс в атмосфері клубу. Емоційний фон вже на ранньому етапі просигналізує вам про те, що назріли проблеми, і завдяки цьому ви попередите і залагодите будь-який конфлікт, тим самим ще більше зміцнивши довірчу атмосферу всередині клубу.

Ці кілька пунктів є основними інструментами у формуванні довірчих стосунків як головної платформи справжнього клубу. І це вкрай важливо, оскільки такий усвідомлено керований клуб — то вже особливий вид спільноти, у якій люди відчувають, що це не просто тусовка, а глибока й цілісна екосистема, заснована на співпраці і взаємодопомозі.

Саме в такому клубі виникає справжня глибина спілкування і взаємин, якої нам так не вистачає у буденному житті, і це вкрай важливо для тих людей, що досягли значних соціальних вершин, але не встигли побудувати іншу частину свого життя, більш особисту. Я знаю це не з чуток, оскільки багато в чому ті потреби людей, які я прогнозував і хотів дозволити реалізувати учасникам клубу в цій спільноті, перегукувалися з моїми власними. Я прагнув не просто допомогти сильним і яскравим особистостям налагодити корисні ділові зв'язки — мені було необхідно за допомогою клубу створити ***людський зв'язок,*** міцний, глибокий і осмислений, з рівними собі. Я бажав цього як для себе, так і для тих, хто таких зв'язків шукав, але самостійно не знаходив.

Одна з найважливіших людських потреб у діловому світі, яка, на жаль, частіше за все залишається нереалізованою,— це глибина спілкування.

Мої спостереження за різними людьми і ситуаціями дали можливість усвідомити те, що **у діловому світі одна з найважливіших людських потреб, яка, на жаль, частіше за все залишається нереалізованою,— це глибина спілкування.** Таке спілкування неможливо купити, неможливо отримати просто так і до того ж швидко, його можна тільки виплекати у стосунках, де спорідненість поглядів крок за кроком будуватиме міцний зв'язок і довіру між двома людьми. Але чому тільки між двома? Хіба не можна таким чином створити глибокі стосунки між багатьма людьми? Так системне налагодження всередині якоїсь спільноти міцних багатогранних зв'язків, заснованих на довірі, стало моєю головною метою в новому клубному проєкті.

Це було дуже цікаве завдання — об'єднати людей на основі філософії спільності, яка, особливо у бізнес-середовищі з його вічною конкуренцією і поспіхом, не була нормою. Колись Піфагор, приймаючи учнів до своєї наукової школи, зобов'язував їх допомагати один одному в усіх питаннях, бо вважав це ознакою високого рівня розвитку громади і її духовним маркером. Так само і я вірив у те, що якісно побудовані зв'язки всередині спільноти забезпечать її членам неймовірний розвиток не тільки в бізнесі, а й в аспектах особистості, духу і людяності. **Недовіра — це гра з нульовою ставкою, де для того, щоб один виграв, інші повинні програти. Довіра ж реалізує принципово іншу формулу взаємин, де виграю́ть усі.**

І оскільки я завжди вірив у те, що статус людини в суспільстві визначається насамперед її мисленням, мені хотілося побудувати клуб, у якому будуть враховані й реалізовані всі потреби особистості — особистості, яка завжди у пошуку, яка глибоко і самостійно мислить і прагне до всебічного розвитку. Клуб, що дає відчуття плеча і можливість зробити життя по-справжньому щасливим, оскільки дозволяє в контактах (партнерів, клієнтів, однодумців) знайти істинних друзів. Мені особисто потрібен був саме такий клуб, і я планував його створити. Проєктуючи CEO Club, я взяв дуже високу планку і за жодних обставин не збирався відступати, тому без кінця аналізував і підтягував у модель клубу все, що могло зробити його по-справжньому цілісним і живим організмом. А присвячені взаємодії і соціальним зв'язкам дослідження, що їх я почав вивчати на шляху до мети, ще більше укріпили мене у моїх намірах.

Розділ 8

ОТОЧЕННЯ ФОРМУЄ КОРОЛЯ

Стоїки закликали уникати дружби з тими, чиї цінності хибні, бо це може заплямувати і ваші власні. Треба шукати друзів, які поділяють наші (тобто стоїчні) цінності — або живуть у ще більшій злагоді з ними. Насолоджуючись їхнім суспільством, постарайтеся навчитися від них всього необхідного.

Вільям Ірвін

Ми істоти соціальні, а отже, бажаємо того чи ні, створені для стосунків. Саме в них ми зростаємо, відкриваємо в собі нові грані особистості і колективно розвиваємось. Якщо проаналізувати історію, можна побачити, що помітний прогрес у розвитку людства стався саме тоді, коли люди навчилися усвідомлено об'єднуватися: вони могли виживати, зростати і досягати якісно нових результатів тільки у складі організованих груп. Цікаво, що якість цих груп безпосередньо впливала на якість життя кожного із членів, а кількість людей у таких спільнотах практично завжди коливалася в межах 130–170. Цей феномен отримав назву ***«число Данбара».***

Еволюційний психолог Робін Данбар вивчав поведінку приматів з погляду розмірів їхніх соціальних груп. Застосувавши здобуті знання до людей, дослідник дійшов висновку, що **оптимальна кількість учасників соціальних груп — близько 150: саме стільки контактів здатен якісно «обробляти» наш мозок, підтримуючи з ними стабільний зв'язок.** Що це означає? Решта, яка «не вміщається» в це число, просто не потрапляє в наше поле зору і присутня в нашому житті лише формально. І немає жодної гарантії, що нас із цими людьми насправді хоч щось пов'язує. Щоб обґрунтувати своє відкриття, Данбар наводить цілком конкретні приклади (знову ж таки, зазирнемо в історію): у середніх розмірів селищі часів неоліту проживало 150 осіб; головний тактичний підрозділ легіону у давньоримській армії (маніпула) налічував близько 130 воїнів; не більше 150 селян мешкало в англійських селах XI століття нашої ери, так само як і в сучасному поселенні американських амішів живе приблизно 110 осіб (коли число мешканців сягає 150, старійшини ділять селище на два). Таким чином, протягом всієї історії людства кількісні показники соціальних груп не перевищували число 150. Сьогодні до цього факту додалася лише невелика ремарка: 150 — це всі ті люди, з якими ви контактуєте хоча б раз на рік. Робін Данбар, до речі, сам жартував над цим визначенням: «Це число людей, до яких вам не буде соромно напроситися випити, якщо ви зустрінете когось із них в барі».

Чому так? Тому що міцний соціальний зв'язок передбачає постійний і якісний контакт. Іншими словами, щоб залишатися друзями, людям необхідно багато спілкуватися, часто бачитися, постійно «підкидати» у стосунки щось спільне, ділитися інформацією і підживлювати емоційний фон. Інакше це не працює. Виходить, наше справжнє життя — це не майже вісім мільярдів людей, які проживають на планеті, і навіть не кілька мільйонів, що живуть з нами в одній країні, а ті самі вищезгадані 150 осіб, і ми — їхнє «середнє арифметичне». Тобто ми — середнє значення тих людей, з якими спілкуємось і взаємодіємо регулярно. Більше того: **склавши список ключових людей у своєму житті, ви з подивом виявите ще й фінансову кореляцію між своїм та їхніми доходами: ваш дохід буде середнім значенням доходів цих людей, так само як і ваш статус у суспільстві.**

> *Склавши список ключових людей у своєму житті, ви з подивом виявите фінансову кореляцію між своїми та їхніми доходами.*

Такий соціальний закон: ми є середнім значенням тих, з ким спілкувалися вчора, а завтра будемо середнім значенням тих, з ким спілкуємось сьогодні. Більше того, подобається нам це чи ні, але наше оточення формує нас автоматично, впливаючи на нас без нашого дозволу.

У моєму житті цілком предметним доказом того, як це працює, стало моє стрімке соціальне зростання у статусі засновника Ukrainian Real Estate Club. Буквально за три роки я абсолютно змінився завдяки дуже успішним людям з мого оточення, яких я об'єднував і з якими постійно взаємодіяв, і тим самим підтвердив цей соціальний закон на практиці. Згодом набутий таким чином досвід став для мене цілком конкретною стратегією: для того, щоб швидко зростати і переходити на новий соціальний рівень, необхідно дуже відповідально й усвідомлено формувати своє оточення. Важливо об'єднуватися з тими людьми, з якими нам по дорозі, а отже, слід ретельно обирати попутників, друзів і партнерів. Але тут надзвичайно важливо підкреслити, що формування свого кола — це не мета і не алгоритм дій, а неодмінна повага до оточуючих та їхніх цінностей. Адже **коли ми не просто розглядаємо людей як засіб досягнення цілей, а вписуємо їх у свою систему цінностей з великою повагою до них самих та до їхнього досвіду і будуємо стосунки з великодушності й визнаючи цінність людини, ми досягаємо своїх цілей набагато легше і швидше.** До речі, ця тема дуже якісно розкрита й обґрунтована психологом Адамом Грантом у книжці «Бра́ти чи віддавати?», де, поділяючи людей за поведінковими патернами на три типи (ті, що беруть, ті, що віддають, і ті, що обмінюють), він переконливо показує, що вибір стилю міжособистісної взаємодії абсолютно точно впливає на досягнення успіху і визнання в соціумі, а вміння йти людям назустріч — вкрай важливий інструмент для тих, хто прагне щастя.

Підтримка й розвиток свого ідеального оточення — процес системний, нескінченний і вимагає по-

стійних зусиль та інвестицій: часових, емоційних, енергетичних, а іноді й фінансових. І тут клуб стає незамінним помічником: з одного боку, у його концепції вже лежать цілком чіткі критерії, за якими люди в ньому опиняються, з іншого — він дозволяє підтримувати спілкування одночасно з багатьма, що значно економить енергію та ресурси, бо зводить зусилля до мінімуму. І до речі, для цього зовсім не обов'язково створювати свій власний клуб — цілком достатньо стати членом одного чи кількох об'єднань, формат і аудиторія яких максимально відповідають вашій життєвій програмі. Я знаю, що у США та в Англії для підприємця цілком нормально одночасно бути членом чотирьох-шести клубів.

Таким чином, **забезпечуючи неймовірну ефективність процесу спілкування, клуб являє собою інструмент і дуже зручну можливість на максимально якісному рівні створювати, розвивати й підтримувати наше ідеальне оточення, яке посилює нас у багато разів.** Знайти собі подібних — перший закон виживання і розвитку: оптимізуючи вхідні й вихідні потоки, ми зберігаємо енергію, а отже, стаємо набагато ефективнішими. І це стосується всього — від дружби і розвитку до натхнення і бізнесу.

Хтось жартома зауважив: «Бог дає нам друзів, щоб вибачитися за наших родичів». Ця фраза найчастіше викликає посмішку, але для мене вона не стільки про іронію щодо нашої рідні і заданих умов життя, скільки про можливості. І нехай не всім від народження дістається ідеальне середовище, я переконаний, що у кожного є можливість його змінювати і формувати. Так, родичів не обирають, але поява в нашому житті друзів — це завжди результат тільки наших власних рішень і пріоритетів. Тільки ми визначаємо, кому буде дозволено увійти в наш дім і в наш світ: адже ми самі обираємо друзів, керуючись своїми цінностями і власною системою координат.

І якщо вже так, то хіба не варто навчитися робити це грамотно і, вибудовуючи свої зв'язки як капітал, все ж шукати друзів (оточення, наставників, натхненників) усвідомлено? Не чекати, не сподіватися на випадкові зустрічі і не сидіти склавши руки в надії на те, що ці люди самі нас знайдуть, а діяти? Моя непохитна віра в себе завжди супроводжувалася такою ж твердою переконаністю в тому, що поява в житті важливих для мене і споріднених духом людей не може бути манною небесною. Це процес, який у жодному разі не слід пускати на самоплив. І якщо ми хочемо досягати дійсно великих цілей, нам необхідно грамотно управляти своїм спілкуванням і цілеспрямовано й усвідомлено формувати, підтримувати і розвивати коло контактів та зв'язків. Тому що у стосунків є влада. І нехай ви не можете вирішувати, будуть інші впливати на вас чи ні (а вони точно будуть), зате ви можете обирати, ***яким чином*** вони на вас впливатимуть. Просто тому, що ви знаєте, навіщо це потрібно вам і що ви можете дати у відповідь їм.

Уміння шукати «своїх» і розумно розпоряджатися можливостями стосунків з ними означає вміння долати будь-які обмеження, з якими ви стикаєтесь

у житті. У кожного з нас є своя межа можливостей. І кожен з нас іноді опиняється в ситуації, коли своїх сил або ідей бракує. Бракує для того, щоб подолати власні кордони, вийти на новий рівень розвитку і зробити наступний крок, який визначатиме наше «далі». На жаль, наші індивідуальні ресурси і здатність давати результат мають свої межі.

Дослідження з кожним роком все переконливіше доводять, що ті люди, які системно одержують потужну підтримку зі сформованої мережі особистих стосунків, переходять на наступний рівень набагато легше саме за рахунок оточення. Ті самі «інші» оточуючі забезпечують нас особливою енергією і конструктивним досвідом. Ми повинні навчитися думати по-іншому і знайти іншу свідомість, а щоб це зробити, потрібно залучити тих, хто допоможе нам опинитися там, де треба. Кожен з нас шукає розвитку, зростання, посилення своїх позицій, і вирішити ці завдання нам допомагають інші, коли стимулюють нас. Це закон зростання: зміни завжди відбуваються за допомогою інших, але ці «інші» мають бути зрозумілими, «своїми» — тоді вони підштовхують, але не ранять. До речі, чимало людей стало відомими й успішними лише тому, що хтось інший вважав, що «вони зможуть»,— хтось у них вірив, казав їм про це, брав участь і допомагав. Річарда Бренсона, всесвітньо відомого підприємця, наставляв друг його батьків. Він був бухгалтером і щотижня зустрічався з Річардом, щоб навчити його основам фінансового обліку, а пізніше уважно слухав стратегічні плани свого підопічного щодо ведення бізнесу. Обговорюючи з Бренсоном все, що спадало тому на думку, наставник допомагав своєму учневі викристалізувати бізнес-мислення і вчив долати страх поразки. І навіть у зрілому віці Бренсон ніколи не соромився звертатися по допомогу до людей, у чомусь сильніших. «Я б нічого не домігся в авіаційній галузі, якби мудрість Фредді не спускалася з небес на землю»,— якось зізнався мільйонер. Хто такий Фредді? Це ветеран авіації Фредді Лейкер, який навчив Бренсона конкурувати практично без грошей з успішними гігантами галузі і допоміг з мінімальним бюджетом запустити і зробити успішними Virgin Atlantic.

Уміння шукати «своїх» і розумно розпоряджатися можливостями стосунків з ними означає вміння долати будь-які обмеження, з якими ви стикаєтесь у житті.

Свій Білл Кемпбелл (наставник засновників компаній Apple Стіва Джобса, Google Ларрі Пейджа і Amazon Джеффа Безоса) був практично у кожного талановитого і яскравого бізнесмена чи новатора, у кожної зірки. Але де і як шукати такого наставника? **Упевнений: саме клуб є ідеальним місцем і середовищем, щоб зустріти того, хто змусить вас рости, стане однодумцем, розважливим критиком і авторитетним керманичем.** Щоб зустріти таку людину (а може, і не одну), нам потрібно підключитися до спільноти, де такі люди є і де вони самі, добровільно, погодяться нас підживлювати. Саме клуб здатний привести нас до певного кола людей, нам необхідних. Але помилкою було б важати, що це разове завдання чи разове зусилля. Весь мій попередній досвід розвитку клубних спільнот і соціальних зв'язків вказує на те, що це тривалий і усвідомлений процес занурення у правильне середовище з подальшою побудовою і з підтриманням правильних стосунків. Тому потрібно поставитися до нього з усією серйозністю і розібратися в механізмах, які дозволять зробити все грамотно і з гарантованим результатом.

Розділ 9

ЗВ'ЯЗКИ ВИРІШУЮТЬ ВСЕ

Нашим світом правлять зв'язки.

Пауло Коельйо

Я рано усвідомив, що системний підхід до створення, розвитку і підтримки зв'язків як ключового життєвого активу принесе серйозні дивіденди всякому, хто приділить цьому належний час і увагу. Можливо, ці зиски складно підрахувати, але їх абсолютно неможливо переоцінити. Дозвольте поставити вам кілька запитань. Точніше, я б хотів, щоб ви поставили їх собі самі й уважно вислухали свою ж відповідь.

- Скільки ви заробляєте?
- Як ви ведете свої справи і вирішуєте складні проблеми?
- Про що ви думаєте і про що мрієте?
- Як долаєте стреси?
- Який настрій у вас зазвичай?
- Як ви підтримуєте необхідний рівень енергії і мотивації?

Згідно з дослідженнями, це лише кілька показників, які свідчать на користь того, що соціальні зв'язки якісно й кількісно впливають безпосередньо на наше життя. Пригадаймо знайому з дитинства фразу «Не май сто кіп у полі, май друзів доволі». Ще й досі вірите в гордих одинаків або готові балансувати в оточенні сумнівних «друзів», які «самі по собі» з'явилися у вашому житті?

Добре, звучить переконливо і багатообіцяюче, та що далі? Як ці зв'язки створити, розвинути і задіяти в житті? Як з їхньою допомогою домогтися бажаних результатів? Фраза «зв'язки вирішують все» не відпускала мене з дитинства, і, ставши дорослим, я спробував копнути глибше, щоб розібратися, як це працює. З огляду на мій специфічний інтерес, підходив до цього питання як дослідник, вчений та інженер. Я розумів, що розвиток клубів і ком'юніті пов'язаний у першу чергу з людьми (причому непростими), і, оскільки останні двадцять років я переймався цим і тільки цим, тепер можу упевнено стверджувати, що процес налагодження і розвитку зв'язків просто зобов'язаний стати системним і підпорядкованим чіткій логіці й селекції. А всі свої спостереження я хотів би викласти нижче у вигляді якоїсь життєвої системи і фактично методології з певним набором інструментів.

Очевидно, що зробити вибір свого оточення усвідомленим процесом — це одне з найважливіших завдань, які стоять перед людиною. І від того, наскільки ви зможете розібратися в цьому процесі і навчитеся будувати й розвивати стосунки, безпосередньо залежить те, які завдання протягом життя ви зможете вирішувати.

Особливо хотілося б підкреслити, що налагодження зв'язків — це зовсім не методична й монотонна робота з пошуку потрібних людей, як може здатися на перший погляд. Це і філософія, і технологія, і навіть мистецтво. Філософія зашита у відповіді на питання «Як, навіщо, з якою метою і базуючись на яких принципах і цінностях я розвиваю свою життєву мережу взаємозв'язків?» Технологія відповідає за системне налагодження стосунків. Їх, як і все в нашому житті, потрібно підтримувати і постійно плекати. Більше того, існують певні інструменти, стратегії і принципи взаємодії, які дозволяють зробити цей процес більш грамотним, а отже, і більш ефективним. Мистецтво ж прив'язане переважно до ваших особистих вроджених і набутих якостей і дає можливість «дружити» так, щоб стосунки були в радість обом сторонам і змогли, перетікаючи з однієї форми в іншу, існувати тривалий час.

Процес налагодження і розвитку зв'язків повинен стати системним, підпорядкованим чіткій логіці й селекції.

Що ж конкретно нам дають правильно побудовані зв'язки? Перш за все — ресурси, більшість з яких складно знайти у відкритому доступі й отримати,— від фінансової підтримки й інвестицій до закритої інформації, багажу чиїхось знань і досвіду та різних експертиз. Усе це — чудові інструменти, які допомагають нам розвиватися і рости професійно, емоційно й особистісно, а отже, відкривають шлях до всього найважливішого, чого ми потребуємо в житті, і забезпечують потужну підтримку. Іншими словами, звершення, на які ви здатні, визначаються масштабом і міцністю ваших соціальних зв'язків. Вони — це універсальна валюта, яка має найвищу ліквідність і яку завжди можна конвертувати у який завгодно ресурс, навіть минаючи гроші. Наприклад, отримати безкоштовну консультацію висококваліфікованого фахівця, рекомендації потенційних клієнтів, кейси нових цікавих проєктів, цінну для вас інформацію тощо.

Тут я хотів би згадати один дуже поширений міф. Багато хто вважає, що наявність візитки певної особи або разова зустріч з нею — це і є «зв'язок», але такі люди дуже помиляються, бо важливою є не стільки кількість, скільки якість стосунків. Тому, якою б не була кількість ваших контактів, їх потрібно поділити на дві великі категорії: сильні зв'язки і слабкі зв'язки (але такі, що мають потенціал для розвитку). ***Сильні зв'язки*** — це ті, що добре розвинені. А отже, в них присутня історія стосунків, серйозний рівень довіри, право звертатися до людини в разі потреби і навіть якась емоційна складова. **Сильний контакт з людиною завжди базується на трьох обов'язкових параметрах: довіра, взаємна симпатія і взаємний інтерес**, і для оцінки й розвитку свого контакту ці компоненти потрібно обов'язково брати до уваги. Сильні зв'язки — це ваш надійний фундамент, щось непохитне, те, на що ви в разі потреби можете спертися. Міцні стосунки дозволяють обом сторонам розраховувати на взаємну підтримку і використовувати можливості й ресурси одне одного.

До ***категорії слабких зв'язків*** потрапляють всі інші — ті, кого ви знаєте, але з ким не побудували (або поки що не побудували) довірчих взаємин. Таких людей, звичайно ж, помітно більше: це майже всі ваші контакти у соцмережах, знайомі, з якими ви час від часу зустрічаєтеся на заходах, друзі друзів тощо. У моєму телефоні записані номери багатьох видатних людей нашої країни і навіть світу, але це зовсім не означає, що я у будь-який момент можу скористатися можливістю їм зателефонувати і що вони з радістю кинуться мені допомагати. **Слабкі зв'язки — це коли контакт є, але спертися на нього не можна.**

У цьому і полягає різниця: на зв'язки першого типу можна спертися, на зв'язки другого — ні, тож, коли ви будуєте свою персональну мережу зв'язків (далі — ПМЗ), важливо розуміти, які з ваших контактів можна віднести до категорії сильних зв'язків, а які — до категорії слабких, ще не розвинених.

Цей поділ і є маркером якості взаємин. Що ж до кількості, нею теж важливо навчитися управляти. Якщо я порахую кількість соціальних контактів у моїй мережі, то, найімовірніше, їх набереться близько 5 000. Але час нашого життя обмежений і дуже цінний, тому з усіма цікавими людьми взаємини не налагодити, навіть якщо витратити на це десять життів поспіль. Ми маємо обмежену «пропускну здатність» з точки зору розвитку й підтримки глибоких стосунків, тому управління контактами й усвідомлення того, скільки їх у нас і який часовий та енергетичний ресурс ми готові на них витрачати,— теж вагомі важелі впливу на власну «соціальну мережу». А отже, **необхідно визначити критерії, за якими ви будете пускати людей у своє коло, і вирішити, на кого ви готові витрачати свій час.** Ви повинні чітко розуміти, хто ваша «цільова аудиторія». Це можуть бути не тільки люди, з якими вам хотілося б вести бізнес або які мають відношення до ваших ділових проєктів, а й люди, з якими вам цікаво спілкуватися на різні теми, ті, хто поділяє ваші інтереси або має з вами спільні хобі.

Як правило, більшість наших зв'язків і контактів — з тієї сфери, у якій ми працюємо і ведемо бізнес. Це накладає обмеження на нас як на особистостей і робить нашу персональну мережу зв'язків слабкою і недостатньо функціональною. Тому наступний важливий принцип, на який я зважаю у формуванні і розвитку своєї ПМЗ,— ***принцип максимальної диверсифікації.*** Я намагаюся оточувати себе людьми з різних сфер життя, представниками різних національностей і професій. Ці люди сповідують різні релігії, думають і діють по-різному. Чим різноманітніші особистості потраплять до вашого оточення, тим сильнішою буде ваша ПМЗ. Різноманітність і диверсифікація привносять у вашу ПМЗ два важливих бенефіти. Перший — більш об'ємний і багатогранний погляд на життя. Кожен з нас дивиться на світ через свої «окуляри» і, відповідно, бачить його в обмеженому й урізаному вигляді, тоді як спілкування з абсолютно різними людьми дає зовсім іншу перспективу. Другий важливий бенефіт полягає в тому, що на перетині різних світів і ментальностей формуються нові, не виявлені раніше інтереси, а отже, і нові нестандартні можливості.

Ще один не менш важливий аспект, який необхідно враховувати, формуючи свою ПМЗ,— це цінності. Для того щоб стосунки будувалися на довірі, дарували справжнє задоволення і підтримували незгасний інтерес у обох сторін, цим сторонам необхідно мати схожі цінності. Са́ме завдяки таким цінностям спілкування між людьми перетворюється на довгу, дивовижну і змістовну подорож. Тільки з такими людьми можна будувати близькі стосунки і створювати серйозні спільні проєкти. Усіх інших, чиї цінності з вашими не збігаються, краще утримувати на відстані, в категорії «слабкі зв'язки».

І нарешті, ще один стратегічний момент, який слід враховувати при формуванні своєї персональної мережі зв'язків,— це так званий фактор росту. Давно відомо (і я вже про це згадував), що наше оточення чинить на нас колосальний вплив, буквально заново формує нас і наші якості. Тож щоб ви не просто насолоджувалися спілкуванням, а й самі при цьому помітно прогресували, важливо контактувати з тими людьми, які явно сильніші, розумніші і яскравіші за вас. Якщо ж ви перевершуєте своє оточення за більшістю критеріїв, то рости і просуватися вперед будете вкрай повільно. Скажу відверто: у цьому питанні я дотримуюся правила, яке зобов'язує мене стежити за тим, щоб більше 80 % людей з мого найближчого кола спілкування були значно сильнішими і кращими за мене. Тільки сильне оточення може по-справжньому драйвити і допомагає нам (а часом і змушує нас) рости й розвиватися швидше.

Формуючи свою соціальну мережу, ви повинні завжди мати можливість бачити всі ваші зв'язки цілком, як ***справжню соціальну карту.*** Це ваш соціальний капітал, і він має певні якості, які необхідно час від часу оцінювати, вимірювати і підраховувати. Можливо, це звучить дещо прагматично, але насправді ми здатні як слід управляти тільки тим, що можна вміряти й оцифрувати з точки зору кількості і якості.

Для цього я поділяю всі свої контакти на три умовні групи. ***Перша — група першого пріоритету,*** назвемо її ***«ААА».*** У моєму випадку вона налічує близько 50 осіб, і це люди, з якими у мене найвищий рівень довіри. Я маю можливість звертатися до них з будь-якими питаннями і коли завгодно, а їхня беззастережна участь і підтримка мені гарантовані. До речі, крім конкретної допомоги з різних питань, саме з таких стосунків я черпаю емоційну, моральну і духовну підтримку й натхнення. У цій групі кожен на вагу золота. Це серцевина моєї ПМЗ, її фундамент і сила, і чим більше людей у такій вашій групі, тим ваша ПМЗ сильніше. А отже, потрібно прагнути до того, щоб їхня кількість у цій групі постійно зростала. Відповідно з погляду витрачених годин, енергії та інвестицій у стосунки найбільше уваги і власного часу ви повинні приділяти саме цьому колу. Коло «ААА» дає вам 80 % всього, що є у вашому житті: сенсу, підтримки, ресурсів, можливостей і розвитку. З цієї ж причини дуже важливо, щоб саме в цій групі було не менше 80 % людей, які «вищі» за вас.

До *другої групи* контактів я відношу кілька сотень людей, і це група з пріоритетом ***«ВВВ».*** Це ті, з ким у мене склався певний рівень стосунків і довіри, але не настільки потужний і близький, як з представниками першої групи. «ВВВ» — це люди, з якими я регулярно взаємодію, перетинаюся за своїми проєктами і маю спільні ділові інтереси. У цій групі також немає випадкових людей, тут тільки ті, з ким мені по дорозі і з ким у нас є спільні справи, збігаються цінності, інтереси і хобі. Ця група відрізняється від попередньої тільки тим, що вона більш численна і рівень довіри тут набагато менший (тож я не впевнений, чи зможу до когось із цих людей звернутися за підтримкою, ігноруючи час і певну межу). До речі, група «ВВВ» сформована так, що кожен з цієї групи є кандидатом на перехід у групу з пріоритетом «ААА». Тут теж діє правило 80 % («80 % людей в чомусь крутіші за мене»), що гарантує вплив, необхідний для постійного розвитку. Взаємини з учасниками групи «ВВВ» підпорядковані дещо іншим правилам (хоча б тому, що цих людей значно більше і приділяти багато часу кожному практично неможливо), але тут вам допоможуть два зручних інструменти. Перший — членство у клубах. Як член клубу, у який входить більшість цих людей, ви маєте можливість підтримувати стосунки з багатьма одночасно. Наприклад, відвідавши 15–20 клубних зустрічей за рік, ви зможете з кожним підтримати хоча б словесний і візуальний контакт, поцікавитися справами, обмінятися новинами й обговорити якісь важливі для вас обох питання. Другий зручний інструмент комунікації, який я практикую вже більше десяти років,— це щотижневі колективні сніданки, обіди чи вечері. Я запрошую одразу кілька людей (як правило, від трьох до десяти), і, опинившись усі разом за одним столом, ми отримуємо чудову нагоду поспілкуватися. Це прекрасний формат, адже він не тільки дозволяє підтримувати стосунки одразу з багатьма, а і дає можливість робити чималий внесок у взаємини інших учасників, тому що ви знайомите між собою багатьох цікавих людей.

На перетині різних світів і ментальностей формуються нові, раніше не виявлені інтереси, а отже, і нові нестандартні можливості.

Третя група (категорія «ССС») найбільш численна. Сюди може входити кілька тисяч людей, і це ті контакти, які я називаю «слабкими зв'язками». Тут поки що немає довіри й усталеності, але є потенціал для розвитку. З цією групою людей я підтримую зв'язок, використовуючи соціальні мережі, мої публікації та інтерв'ю, виступи і великі тусовки. Мати особистий контакт не обов'язково: досить бути на очах у всіх, в полі зору, щоб тебе не забували.

Отже, ваша соціальна карта готова, а ви знаєте правила гри, основні пріоритети і принципи її побудови. Залишилося останнє питання: де ж брати всіх цих людей, як знаходити такого роду контакти?

З власного досвіду можу сказати, що ходити з цією метою по різних тусовках — це наймарніше заняття, якому тільки можна себе присвятити. Воно з'їдає надзвичайно багато дорогоцінного часу і сил, а шанс зустріти там по-справжньому «своїх» людей вкрай низький. На жаль, майже всі такі заходи грішать відсутністю справжньої мети і часто перетворюються на потік невиразних зустрічей і порожніх розмов.

Замість такого роду спонтанних експериментів я б порекомендував більш ***ефективні інструменти розвитку мережі персональних зв'язків:***

- створення власних клубів та ком'юніті (якраз саме цьому і присвячена моя книжка);
- членство в цільових клубах і організаціях, які відповідають головним критеріям вашої цільової аудиторії: все в одному місці і з потрібною атмосферою (і у цій книжці я розповідаю, як отримати від клубу максимум);
- регулярна організація власних івентів з метою зібрати на них всіх своїх друзів, партнерів і колег. Якщо влаштовувати такі заходи двічі на рік і робити це змістовно і креативно, люди будуть до вас приходити із задоволенням і вдячністю. А для вас організація такого міні-клубу стане чудовою можливістю підтримувати стосунки одразу з багатьма людьми і робити внесок в розвиток цих взаємин.

До речі, існує ще один потужний і дієвий інструмент розширення зв'язків: ***знайомства за рекомендаціями.*** Упевнений, це найбільш ефективний спосіб розвитку і збагачення своєї мережі, оскільки він забезпечує найбільш продуктивний, якісний і теплий контакт.

Ось кілька порад, як правильно працювати з рекомендаціями:

- Потрібно, щоб вас рекомендувала «правильна» людина, а не просто спільний знайомий. Це важливо, тому що ваше завдання — не тільки з кимось зустрітися, але і бути правильно представленим. Фактично людина, яка вас рекомендуватиме, створює вам кредит довіри, а не просто проводить формальне знайомство з кимось новим.
- Потрібно, щоб рекомендацію дали правильно,— а ми, на жаль, часто навіть не замислюємося, як і в якому контексті нас будуть рекомендувати. Щоб рекомендація мала очікуваний ефект, потрібно розставити необхідні акценти і підкреслити саме ті ваші якості й можливості, які здатні зацікавити потенційного співрозмовника. Річ у тому, що успішні люди стають мішенню для безлічі тих, хто шукає (зокрема за допомогою рекомендацій) знайомства з ними. Тож подбайте про те, аби людина, яка вас знайомить, знала ваші сильні сторони і подала їх так, щоб на них звернули увагу.
- Перш ніж просити когось відрекомендувати вас потрібній людині, уточніть, наскільки це зручно і доречно в контексті їхніх стосунків. Часто буває так, що людині зовсім не з руки вас знайомити, а відмовити вона не може. Тому, щоб не поставити нікого в незручне становище і не втратити вже існуючий налагоджений кон-

такт, не здобувши нового, будьте уважні до етики моменту.

- Ну і, звичайно ж, завжди дякуйте людям за те, що вони вам допомогли. Зробіть приємний подарунок, запросіть кудись або просто щиро висловіть своє «спасибі». Я неодноразово був свідком того, як люди просять щось для них зробити, а потім, отримавши бажане, зовсім забувають подякувати. Навряд чи після такого залишиться бажання допомагати їм у подальшому.

Хочу розповісти про ще один важливий інструмент, який стане відмінним помічником у системній підтримці всієї вашої соціальної бази, але який вам доведеться створити самостійно: це ***Персональна Біг Дата (ПБД),*** ваш особистий цифровий ресурс, де зберігається вся інформація про ваш соціальний капітал, і це фактично ключ до вашої ПМЗ. Якщо у вас немає ПБД, ви не зможете ефективно використовувати свій соціальний капітал і управляти ним.

Щоб керувати своїм соціальним капіталом, вам потрібно управляти трьома параметрами:

- всією інформацією, пов'язаною з вашими контактами;
- стосунками з кожною людиною з вашої ПМЗ;
- сумарними можливостями, які має ваша ПМЗ.

У ПБД ви чи ваш помічник вносите інформацію про кожну людину — усе, що ви про неї знаєте. Також там накопичується історія ваших взаємин: де, коли і з якого приводу ви познайомилися, що відбувалося після цього, чим людина цікавиться, які у неї погляди, хобі та життєві пріоритети, яка у неї сім'я тощо. Окремо у ПБД слід вказати ключові ресурси і можливості, що їх має кожен з контактів вашої системи. Наприклад, важливі зв'язки, унікальні чи специфічні знання й експертизи, цінні ресурси і сфери впливу на інших. Усі ці можливості систематизуються окремо. І якщо вам терміново знадобиться, скажімо, контакт у певній країні або сприяння у вирішенні якогось завдання зі специфічною експертизою, то ваша ПБД дозволить швидко відшукати цю інформацію, а отже, і того, хто володіє потрібними ресурсами. За допомогою хорошої ПБД колективний ресурс вашого соціального капіталу буде працювати на вас постійно і практично без збоїв. Якщо ж не заносити інформацію про кожний контакт у ПБД системно і детально, то використати ці ресурси вашого оточення не вдасться, оскільки утримувати в голові навіть 20 % інформації про всі можливості, які насправді є у вашій мережі зв'язків, просто нереально.

Не менш важлива роль ПБД — управління стосунками з кожною окремою людиною. Система вам нагадує, з ким ви давно не зустрічалися, не розмовляли і кому вже довго не приділяли уваги. Можливо, варто нагадати про себе: запросити на обід, передати комплімент або зателефонувати. Я чув, що колишній президент США Білл Клінтон багато років практикує обов'язковий ритуал: щовечора він записує у спеціальний профайл інформацію про людей, з якими познайомився протягом дня,— імена, прізвища, сферу діяльності, інтереси і хобі. Це дозволяє йому в разі потреби швидко знаходити про людей дуже важливі подробиці, які можна використовувати навіть у ділових бесідах. Як бачите, ПБД — вкрай потрібний і зручний інструмент, що дозволяє ефективно управляти всіма вашими стосунками і тими можливостями, які за ними стоять. І якщо пошук у діловій системі зв'язків організувати грамотно і зручно, у вас під рукою завжди буде потрібна інформація, яка дасть унікальні переваги в соціумі: мережа у будь-який момент знайде вам талановитого фахівця, який раптом знадобився; допоможе відшукати найкращі локації у місті для проведення зустрічі або вечері; підкаже, як з мінімальними витратами і без зусиль вирішити будь-яке питання. Усе це — ваші переваги і ваші гроші. Так-так, немає сумніву: можливо, ви їх і не тримаєте в руках у вигляді купюр, але гроші все одно приходять до вас у тому чи іншому вигляді. Адже довірчі стосунки завжди конвертуються — навіть у фінанси.

І на закінчення — ще кілька важливих рекомендацій, які дуже допомагають у розвитку мого соціального капіталу і які ви теж можете використовувати.

- Людям, яких ви віднесли до перших двох пріоритетів (до вашої зони довіри), завжди намагайтеся допомагати чим тільки можете. Думайте про них, переймайтеся їхніми справами, постійно цікавтесь у них, чи не треба чимось допомогти. Намагайтеся дати їм те, що, на ваш погляд, буде для них цінним, і нічого не чекайте натомість. Це працює дуже просто: якщо ви регулярно створюєте для людей цінність, вони самі будуть вас триматися.

- Залучайте у ваше оточення людей, які вже мають серйозні зв'язки,— тоді їхні зв'язки і можливості стануть і вашими.
- Не забувайте про спільні обіди й вечері. Це чудовий і вишуканий інструмент, який дозволяє максимально охопити й підтримувати всі контакти. Кейт Феррацці, один з найбільш товариських людей у світі за версією Forbes, у своїй книжці «Ніколи не їжте наодинці та інші секрети успіху завдяки широкому колу знайомств» стверджує, що спільні обіди й вечері дають унікальний шанс налагодити розмову, оскільки саме в такі моменти люди відкриті й налаштовані на вільне спілкування. Рік налічує 52 тижні, і якщо кожного тижня ви будете запрошувати хоча б на три обіди чи на три вечері людей з ваших найближчих кіл, то зможете побудувати міцну систему для розвитку і підтримки взаємин зі 150 людьми протягом всього року. Цей простий і приємний інструмент при системному використанні дозволить зробити неоціненний внесок у розширення вашої ПМЗ і подарує багато нових ідей та цікавих можливостей, які стануть для вас великою і незмінно приємною несподіванкою.
- Створюйте зв'язки наперед, тобто задовго до того, як вони вам знадобляться. Зустрівши цікаву людину, намагайтеся одразу ж налагодити з нею довірчі стосунки, навіть якщо у цей

момент ніяких конкретних спільних справ у вас немає,— просто тому, що людина цікава як особистість і відповідає вашим критеріям. Адже коли одного разу вона вам знадобиться, звернутися до неї ви зможете лише в тому випадку, якщо стосунки і довіра вже існуватимуть.

- Пам'ятайте: емоційні зв'язки завжди важливіші за ділові. Вони прикрашають життя й більш ефективно просувають наші справи. Плюси від них нескладно простежити і деталізувати. І тут я знову пригадаю Білла Клінтона з його відточеними правилами комунікації: вітаючись, він завжди дивиться в очі і, підкріплюючи почуття контакту, торкається ліктя співрозмовника. Ще пара характерних особливостей комунікації Клінтона — завжди, навіть у бізнес-переговорах, він ставить особисті питання і регулярно посилає друзям і партнерам листи й листівки, написані від руки.
- І нарешті, найважливіше: намагайтеся приділяти тим, хто вас оточує, максимум уваги. Зрештою, цікавитися людьми набагато ефективніше, ніж намагатися зацікавити їх собою. Я хочу сказати, що ваша щира увага до когось завжди виграватиме у будь-якої, навіть найефектнішої спроби привернути увагу до себе. Просто пам'ятайте про це і частіше практикуйте.

Грамотне управління соціальним капіталом — це система, де враховується кожен контакт і є розуміння того, що означають для вас ті чи інші стосунки і як їх можна розвивати у перспективі. Розподіляючи контакти за певними категоріями і пріоритетами, застосовуючи спеціальні інструменти для розширення мережі контактів або їхньої селекції, ви зможете забезпечити своїй персональній соціальній мережі ефективне управління і в кожний конкретний момент часу розуміти, у якому стані ваш соціальний капітал в цілому й індивідуальні стосунки з кожним зокрема. І навіть якщо ви тільки починаєте свою кар'єру і у вас поки що немає практично ніякої значущої персональної мережі зв'язків, застосовуйте всі вищеописані принципи і правила на практиці — і ваш унікальний соціальний капітал буде стрімко зростати і приносити цілком очевидні дивіденди. Дослідження, проведене мережею LinkedIn, демонструє цікавий приклад: 85 % вакансій заповнюються за допомогою нетворкінгу, і тільки невелика частина реальних позицій для шукачів розміщується у відкритому доступі. Гадаю, усі ми не раз проходили саме цей шлях — розшукували потрібного співробітника насамперед серед своїх знайомих, орієнтуючись на їхні рекомендації і характеристики.

Довірчі стосунки завжди конвертуються — навіть у фінанси.

Можливо, це прозвучить поетично, але наша персональна мережа зв'язків — то справжній сад, який вимагає догляду, але й віддає за старанням. У когось він поріс бур'яном, без гарних квітів і плодових дерев, а у когось схожий на Едем, де багато зелені, фонтанів, чудових квітів і фруктових дерев, що плодоносять цілий рік,—

з такого саду не хочеться йти. Свідомий «садівник», який системно доглядає за своїм прекрасним «садом стосунків», радіє цвітінню, насолоджується плодами своєї праці і проживає яскраве, насичене життя.

Розділ 10

НАВІЩО БІЗНЕСМЕНАМ КЛУБИ?

Окрема людина слабка, як покинутий Робінзон; лише у співтоваристві з іншими вона може зробити багато чого.

Артур Шопенгауер

На пострадянському просторі сьогодні бізнес-клуби переживають друге народження. З'явившись ще в 90-х, вони були абсолютно формальними, і мало хто розумів, навіщо вони взагалі потрібні. Але зараз ситуація стрімко змінюється. Для управлінців і власників середніх та великих бізнесів ***клуб — це безпечне середовище,*** у якому можна перепочити й «заправитися» на тлі жорстокої конкуренції і тиску зовнішніх чинників.

Власники і топи великих компаній — це люди з браком часу і величезною відповідальністю, та все ж вони люди. Якийсь знавець цілком слушно зауважив: «Усі певною мірою самотні, але власник великого бізнесу — це жахливо самотня людина». На жаль, власникам компаній досить важко розкриватися і вкрай складно знайти місце, де вони не просто могли б розповісти про свої труднощі, а де їх до того ж ще й зрозуміли б. Звертатися до чужих людей по допомогу не дуже легко, особливо якщо твоє ім'я неодноразово з'являлось у бізнес-пресі і тебе знають як успішного й сильного лідера. І тут раптом — слабкість? Соціум таких речей не прощає. Але що ж тоді робити сильній людині, яка, як і всі, має свої власні складнощі, питання і сумніви? Відповідь очевидна: вступити в закритий діловий клуб, приєднавшись до «свого племені». Це якраз і є те середовище, де однорідність групи сприяє близькості, де люди перебувають на одному рівні, стикаються зі схожими проблемами, знають всі підводні камені і можуть одне одному довіряти й допомагати.

Крім того, життя кожної такої людини складається з нескінченних рутинних процесів, внаслідок чого втрачаються чіткі орієнтири і відбувається розфокусування цілей. Клуб вирішує цю проблему автоматично: так чи інакше, а тут тебе «виводять» зі звичного кола і допомагають поглянути на бізнес-процеси і навіть на своє життя з іншого ракурсу. Ну де ще можна безпечно розібрати проблему своєї компанії як бізнес-кейс на відкритій нараді у вигляді круглого столу, та ще й з експертами високого рівня? У CEO Club ми спільно багато разів розв'язували навіть дуже заплутані питання і розробляли правильні сценарії для найскладніших ситуацій, що виникли у когось із нас. Крім того, досить часто на колективних обговореннях і зустрічах у клубі трапляються індивідуальні інсайти, народжуються ідеї і приходить справжнє розуміння стосовно того, що треба робити далі і як рости. Іншими словами, клубне середовище надзвичайно корисне й особистісно, і професійно, оскільки дозволяє зберігати чіткий фокус на цілях, і я готовий по пунктах перелічити, що ще, крім комфорту спілкування і подібності інтересів, клуб дає його учасникам.

> *У клубі тобі допомагають вийти зі звичного кола і поглянути на бізнес-процеси і навіть на своє життя з іншого ракурсу.*

Перший і вкрай важливий момент, хоча і майже непомітний (його і справді мало хто усвідомлює),— це ***причетність.*** Вона часом невидима, але дуже потрібна для розвитку учасників клубу, тому що причетність — це чи не найголовніша причина, яка приводить людей у клуби: почуття плеча, приналежність до «своїх», до «свого племені». Адже так чи інакше, всі ми родом з племен, це частина нашої природи, і навіть у сучасному світі ми завжди підсвідомо шукаємо «своє плем'я», хочемо бути частиною своєї групи. Нам вкрай важливо бути визнаними і прийнятими такими самими, як і ми. Це забезпечує самоідентифікацію, підтверджує, що ми відповідаємо певним критеріям, чогось досягли. Ми можемо вважати себе успішними тільки після того, як це визнали інші. Саме тому люди прагнуть потрапити у клуб: щоб відчути це визнання серед рівних. В усі часи, щоб здобути певний статус у суспільстві, людина повинна була належати до якоїсь привілейованої групи: наприклад, в античній Греції чи у Стародавньому Римі — до філософської школи, у середньовічній Європі — до дворянського роду, у сучасних університетах — до студентського клубу чи іншої спільноти. Бути частиною групи — це вроджена потреба, яка дає нам задоволення і підтверджує те, що ми є, що нас визнають.

Другий і дуже важливий бонус клубної спільноти — це ***персональний розвиток***. Для мене завжди він був ключовою цінністю і головним процесом в житті, про який я дбав у першу чергу. Із самого дитинства я кожен день чогось навчаюся — такий мій життєвий код. Я інтуїтивно відчуваю, що шлях до вищого «я», до Бога чи до досконалості лежить саме через постійний розвиток, оскільки першим і головним ресурсом людини в цьому світі є вона сама. Чим вищим буде рівень розвитку, тим цікавішим і багатшим з усякого погляду буде життя. Постійний розвиток і пошук нових шляхів стали одними із тих стовпів, на яких стоїть CEO Club, переважно через те, що він був задуманий і створений у тому числі і як океан можливостей та персональна екосистема постійного розвитку. Це простір, який акумулює живий досвід великої кількості успішних людей, інтелектуалів і топ-експертів — не тільки українських, а й зарубіжних. За час нашого існування ми запрошували сотні експертів світового рівня, які працюють у різних сферах: це і Джим Багнола, експерт з питань лідерства з Fortune 500; і Рік Расмуссен, викладач Каліфорнійського університету і директор Concordia Ventures; і президент Міжнародного фонду експериментальних економічних досліджень професор Жан-П'єр Леманн;

і директор McKinsey Global Institute, старший партнер McKinsey & Company Джонатан Вотцел, і багато інших дивовижних людей з неймовірним бекграундом, які ділилися своїми знаннями з членами нашого клубу.

CEO Club давно став екосистемою для самовдосконалення і персональних трансформацій всіх його учасників, і це допомагає кожному члену клубу розвиватися самому і розвивати свій бізнес на постійній основі. Внутрішньоклубна система розвитку не тільки надає різні інструменти для зростання, а й стимулює саме́ бажання розвиватися, щоб не відставати від колег.

Важливість такого різнопланового оточення давно підтверджена науково. Дослідження показують, що люди, які перебувають у різнорідних групах і мають різнобічні контакти, вирішують проблеми набагато креативніше й оригінальніше, їм частіше приходять в голову яскраві ідеї. Це підтверджує і так званий ***ефект Медічі.*** Суть цього феномена в тому, що найпрогресивніші і найдивовижніші речі створювалися людьми на стику культур, концепцій і течій. Найбагатша родина флорентійських банкірів Медічі могла собі дозволити розвивати своє місто, запрошуючи до нього фахівців з абсолютно різних галузей — від архітекторів і скульпторів до фінансистів і вчених. І оскільки всі вони досить тісно спілкувалися і взаємодіяли, то неминуче дуже сильно впливали один на одного, руйнуючи межі своїх культур, дисциплін і власних знань, і постійно вчилися чомусь новому. Таке творче скупчення талановитих людей фактично створило новий світ, а результати їхньої креативності були увічнені у флорентійській культурі і залишаються очевидними і в наші дні. Ефект Медічі — це проголошення співпраці і співтворчості як найбільш ефективного шляху розвитку людства і яскравий приклад того, на що здатен глибокий союз сильних і творчих людей.

Наступною важливою можливістю, яку людина дістає у клубі, є доступ до океану різноманітних загальних ресурсів. Якщо сказати ємко й образно, **такий клуб фактично являє собою справжній та ефективний з усіх поглядів мегамозок.** Тільки уявіть: адже 200 членів клубу, кожен з яких 15–30 років у бізнесі,— це близько 4000 років бізнес-досвіду, і цей унікальний капітал стає колективним ресурсом спільноти. За умови цілісності клубу, заснованої на глибокій довірі між учасниками, усі ці люди будуть готові ділитися своїми ресурсами й енергією. Члени клубу — представники абсолютно різних секторів економіки, а отже, у ньому є доступ до будь-яких експертиз; учасники знайомі з багатьма сильними й успішними людьми своєї країни і світу, а отже, разом формують мегамережу зв'язків і контактів; багато хто з одноклубників має вільний інвестиційний ресурс і часто шукає цікавих проєктів для інвестицій, а отже, відкритий для нових форм співпраці та нових ідей. Крім того, практично кожен член клубу розвиває свій бізнес, а отже, постійно потребує якихось послуг,

Внутрішньоклубна система розвитку не тільки надає різні інструменти для зростання, а й стимулює самé бажання розвиватися.

запускає проєкти, шукає підрядників тощо. І до речі, всередині клубу завжди існує можливість створення великих спільних проєктів — благодійних чи у соціальній і бізнесовій сферах,— які здатні змінити світ на краще. Саме клуб дає можливість робити разом те, що було б вкрай складно реалізовувати поодинці.

Правильно структуровані можливості кожного, об'єднані в клубі, нагадують величезний Всесвіт, у межах якого можна отримати доступ практично до всіх ресурсів для розвитку свого бізнесу й себе самого. Адже така цілісність дозволяє ставити перед собою великі амбітні завдання і спільно їх вирішувати, а отже, кожен з нас стає значно сильнішим, багатшим та ефективнішим з усякого погляду.

Прикладів такої взаємодії в CEO Club — сотні. Один з найяскравіших був у 2015 році, коли фонд SMRK, одним із засновників якого є член CEO Club Олександр Косован, проінвестував мільйон доларів в компанію Ajax Systems (український hardware-стартап у сфері охоронних систем та датчиків для «розумного будинку»), яка належить іншому члену клубу. Вона на той час перебувала в процесі розробки продукту і щойно випустила свій перший прототип. А в 2019 році інвестиційний фонд Horizon Capital викупив більшу долю частки у члена нашого клубу. Загальна сума вкладень Horizon Capital — десять мільйонів доларів; частина грошей пішла на викуп частки в SMRK Олександра Косована. Станом на 2021 рік компанія Ajax Systems налічує близько 1 500 співробітників і продає свою продукцію у понад 90 країн.

І це лише один з багатьох прикладів того, як в CEO Club зустрічаються сильні партнери й укладають вигідні угоди, народжуються оригінальні рішення і виходять на ще вищі рівні навіть цілком успішні бізнеси.

Ще одна дуже важлива перевага членства в клубі — це ***підвищення статусу.*** Значення цього пункту важко переоцінити. Над персональним брендом багато хто з бізнесменів сьогодні працює не менш ретельно, ніж над бізнес-процесами у своїх компаніях. Належність до певної групи завжди підкреслює і репутацію, і цінності, і важливість особистості в соціумі. Зараз це особливо актуально: ми живемо і будуємо бізнес за часів тотальної прозорості, і значущість власної репутації у світі інформаційної і технологічної революції величезна. Людям не просто приємно бути причетними до CEO Club, а й, зі слів багатьох із них, не соромно запрошувати до клубу гостей будь-якого рівня. І це не дивно, оскільки як частина сильної й успішної спільноти **людина підвищує свій статус за рахунок статусу й аури клубу, тим самим посилюючи позитивне сприйняття себе і свого бізнесу в суспільстві.**

Крім того, клуб дає ***вплив і суб'єктність,*** причому як його засновнику, так і всім членам. Пара сотень людей такого рівня — це вже потужна сила, від імені якої можна зробити набагато більше, ніж поодинці. Як член сильного клубу ти представляєш силу, за підтримки якої можна виступати в соціумі практично з якими завгодно ініціативами і будувати нові перспективні відносини з великими серйозними організаціями. Такими організаціями можуть бути як усілякі державні інституції, так і, наприклад, посольства, статусні і впливові міжнародні організації та інвестиційні структури. Навіть дуже великий бізнесмен, який діє без сторонньої підтримки,— це лише один з мільйонів, а виступаючи від імені клубу, він набуває зовсім іншої ваги: його краще чують, його помічають, на нього реагують. Це означає, що він може запрошувати на зустрічі представників найбільших міжнародних фінансових інституцій, може ініціювати і просувати законодавчі зміни для бізнесу і робити ще багато іншого.

У досягненні цілей набагато успішнішими виявляються люди, пов'язані із системою сильної людської підтримки.

Зрозуміло, клуб забезпечує і додатковий ***захист*** у конкурентному діловому світі, причому практично на всіх рівнях. Вступивши в клуб, ми опиняємось серед людей, які знають всіх у країні і багатьох за її межами. Зв'язки, експертиза, публічність інших учасників клубу — усі ці ресурси автоматично стають доступними, якщо ми самі або наш бізнес опиняємось у конфліктних ситуаціях і нам потрібно себе відстояти. Пам'ятаю дуже яскравий приклад Ірини Варагаш, коли сталася рейдерська атака на компанію «Еконія»: рейдери були міжнародного рівня, дуже непрості, зі значними ресурсами і зв'язками. Клуб блискавично підключився до захисту, виступивши з активною публічною позицією: ми провели прес-конференції, запустили в мережі Facebook кампанію (наше відеозвернення отримало 50 тисяч переглядів і 1 500 репостів), зв'язалися з ключовими органами влади — прокуратурою, СБУ, Адміністрацією Президента, організували слухання в парламенті на комісії із захисту прав інвесторів та ініціювали зустріч прокуратури з департаментом захисту інвестицій. Ці дії дуже допомогли власникам компанії відстояти справедливість і перемогти.

Дослідження знову і знову підтверджують: у досягненні цілей набагато успішнішими виявляються люди, пов'язані із системою сильної людської підтримки. І бізнесу це стосується безпосередньо. Виважена думка експерта, контакти потрібних людей, погляд на бізнес-проблему з нового ракурсу, так само як і елементарна підтримка з боку оточення,— усе це можна знайти тільки у вузькому колі однодумців. Таким чином, **якщо ми цінуємо інших, вони неминуче стимулюють наш рух вперед, і з їхньою допомогою ми стаємо дійсно сильними гравцями.** Наші бізнес-успіхи, як і поразки, залежать не тільки від ринку, бізнес-фази або наших талантів. Не менше на наші злети і падіння впливають ті, хто поруч з нами. І оскільки сама наша присутність у цьому світі є доказом того, що ми йому належимо, що ми тут свої, нам залишається лише відшукати таких самих «своїх» і дозволити їм стати частиною нашого світу. Дозволити їм виконати свою роботу — і самим блискуче зробити свою.

Розділ 11

ІДЕЯ І КОНЦЕПЦІЯ

Наше життя — подорож, ідея — путівник.
Немає путівника — і все зупиняється.

Віктор Марі Гюго

Ідея — це те, що я вважаю найголовнішим у справі створення клубу. Саме з ідеї та її лаконічного викладення майбутнім членам клубу почався в 2011 році CEO Club. На той час я вже набув достатньо досвіду, пов'язаного зі створенням і розвитком ділових спільнот. І нехай не всі із цих ініціатив виявилися успішними, у моєму портфоліо вже було чимало різноманітних проєктів: громадська організація «Молода еліта», Ukrainian Real Estate Club, допомога у запуску в Україні Young Presidents' Organization, «Діловий формат», «Клуб-100», перша спроба запуску CEO Club — усі ці проєкти стали моїми тренажерами на шляху до більшого. Зібравши воєдино свої знання щодо організації людей, а також маючи чітку ідею і концепцію, я вирішив діяти. План був такий: я склав список всіх бізнесменів, яких могла б зацікавити концепція майбутнього клубу і які відповідали його критеріям. Вийшло дванадцять осіб, що було не так вже й багато для повноцінного клубу. Але мене такий стан речей не бентежив, оскільки цього разу я вирішив діяти інакше, ніж у випадку з побудовою Ukrainian Real Estate Club. У моєму новому проєкті була важлива деталь: усіх цих людей я знав особисто, і знав досить добре. Я уявив, що створюю дуже маленький власний клуб, і поставив собі питання: кого б я туди запросив із числа тих, з ким мені цікаво й приємно спілкуватися? І ці дванадцятеро не викликали жодних внутрішніх протиріч.

Наступний мій крок теж був нетиповим: я вирішив обійтися без публічної презентації клубу і провів з кандидатами серію приватних зустрічей, діставши від кожного з потенційних учасників попередню згоду на членство і підтвердження щодо готовності сплатити членські внески в розмірі 2 000 доларів. Чому це було так важливо? Тому що, голосуючи грошима, люди переводять свої наміри в конкретні дії, а отже, ми будемо дійсно рухатися далі, а не просто місяцями дискутувати, потрібно нам це чи ні. Для мене ж було критично важливо від самого початку зробити все правильно, не промахнутися,— і запустити свій головний проєкт без зволікань. Я відчував неймовірний азарт і буквально згорав від нетерпіння напередодні першої зустрічі — щоправда, на цей раз мій запал стримувався проведеним системним аналізом попередніх проєктів і серйозною роботою над помилками.

Отже, я призначив зустріч. Для початкового враження було важливо все, і я ретельно пропрацював кожну деталь. Першим спікером я запросив Ігоря Кабузенко, який представляв ICON Private Equity. На той момент фонд управляв активами загальною вартістю близько мільярда доларів, і Ігор був дуже цікавим гостем для першого івенту, оскільки солідні інвестори і ті, що працюють з великими грошима, завжди цікаві бізнесменам. Крім того, ми з Ігорем були давно знайомі, тож я точно знав, якого рівня ця людина і як інвестор, і як співрозмовник, і як особистість.

Не менш важливим був вибір місця, і я зупинився на ресторані «Панорама», розташованому в готелі «Дніпро» на Європейській площі, з вікон якого відкривався просто фантастичний краєвид.

Саму зустріч я запланував на ранок, щоб провести її в форматі бізнес-сніданку і на свіжу голову. Я був упевнений в собі і знав, що роблю. Я врахував всі нюанси, проаналізував інтереси всіх гостей і продумав безліч тонкощів. Та все ж сказати, що я хвилювався,— це не сказати нічого. На щастя, зустріч виявилася успішною: на сніданок прийшло восьмеро гостей з мого списку, і всі вони підтвердили членство. Більше того, майже всі одразу ж зробили членські внески. Я був щасливий! Ідея спрацювала, і я відчував, що це було народження чогось дуже великого і серйозного. До того ж через два дні у нас з дружиною народився первісток, Денис, і це було дуже символічно — немов Всесвіт одномоментно посилає мені найважливіші дари. Я чітко побачив вихід на абсолютно новий рівень життя і наступний його етап, коли народились CEO Club, мій перший син і новий я.

Навряд чи тоді я міг уявити, що всі люди з першої вісімки будуть зберігати членство в клубі навіть десять років по тому. Я нескінченно вдячний Дмитру Андрєєву, В'ячеславу Павліву, Сергію Шкляру, Ігорю Кабузенку, Леоніду Савченку, Сергію Блажевичу, Марині Дяченко, Олені Макеєвій за підтримку, щиру дружбу і віру в успіх тоді ще зовсім маленького клубу, який сьогодні завдяки нашим спільним зусиллям став процвітаючою і сильною спільнотою яскравих і неординарних особистостей. Це наша з вами спільна перемога.

Багато разів аналізуючи ту першу зустріч майбутніх членів CEO Club, я намагався зрозуміти, що са́ме сприяло успіху більш за все. І навіть тепер, десять років по тому, я переконаний, що головну роль зіграла надихаюча продумана ідея і моя щира віра в неї, яку я випромінював. Люди це відчули і повірили мені. **Саме ідея запалила людей, які не менше, ніж я, шукали однодумців не тільки в площині бізнес-інтересів, а й для більш глибокого спілкування.** Усвідомивши це, я зробив спілкування головним принципом об'єднання людей в CEO Club. Цей принцип залишається незмінним донині. Формування клубу варто починати саме з формулювання його головної ідеї, оскільки це та основа, на якій тримається абсолютно все.

Звичайно, бізнес-об'єднання можуть виникати й розвиватися довкола абсолютно різних ідей, але переважну їх більшість усе ж створюють, щоб розв'язувати лобістські питання. Це можуть бути як міжгалузеві об'єднання, так і об'єднання, що пов'язують гравців однієї індустрії, але процеси взаємодії в таких організаціях так чи інакше будуть підпорядковані ідеї захищати й лобіювати інтереси галузі (галузей) та її (їхніх) гравців. Для цього нарощуються певні можливості і вирішуються конкретні завдання. Щоб виступити широким фронтом, забезпечуючи потужне лобі, необхідно об'єднати чимало компаній і створити інструмент впливу. Тому саме ідея лобізму буде визначати стратегію, тактику і структуру таких організацій, а також те, як вони створюються. Щоб лобіювати інтереси і вести діалог з державою, потрібно виглядати солідно й переконливо, а для цього необхідно набрати велику кількість учасників. Тому, щоб реалізувати свою ключову місію, подібні організації намагаються усіма можливими способами залучати максимальну кількість учасників-членів. У більшості випадків в таких організаціях буде складно утримувати фокус на індивідуальних цінностях людей та їхніх особистісних якостях, тому що при великій кількості гравців вкрай важко створити атмосферу довіри, побудувати міцні стосунки і зберегти дружній тон спілкування. Тут довіра створюється на інституціональному рівні, формуючись переважно по відношенню до організації і до того, що вона робить, ніж між самими учасниками. Така конфігурація структурних елементів спільноти, як і результат її діяльності, прямо випливає з її ключової ідеї: адже членами таких об'єднань, як правило, є компанії, тоді як членами клубів — особистості. Також важлива відмінність полягає в розмірах спільноти і в кількості її членів: лобістська асоціація прагнутиме об'єднати якомога більше учасників, а клуб заради збереження атмосфери довіри, навпаки, не повинен рости швидко. Разом з тим сильний і потужний клуб цілком може бути не менш впливовим, ніж численна організація, просто за рахунок зовсім інших якостей і формату взаємодії із соціумом.

Деякі бізнес-об'єднання формуються довкола ідеї нетворкінгу, або знайомства людей між собою. Такий тип співтовариств зазвичай превалює серед молодіжних бізнес-організацій, оскільки молодим підприємцям дуже важливо розширювати коло своїх зв'язків і мережу контактів. Нерідко зустрічаються також ділові спільноти, які об'єднуються довкола певного виду дозвілля. Наприклад, сигарні, яхтові, шахові або гольф-клуби. Усі ці приклади вказують на те, що клуб завжди починається з головної ідеї. І знайти її і чітко позначити — завдання саме засновника (засновників), оскільки ідея впливає на все інше. На жаль, на практиці організації досить часто прописують собі абсолютно формальні місії і цілі замість реальної ідеї, хоча тільки вона вказує на те, чим клуб живе. **Ідея — зовсім не формальність, а серце клубу, його ДНК.**

Процес створення нового клубу варто починати саме з формулювання його головної мети, оскільки це та основа, на якій тримається абсолютно все.

Початковою ключовою ідеєю CEO Club був розвиток: нам потрібно було об'єднати всі ресурси учасників, щоб розвиватися максимально різнобічно, і за десять років свого існування ми успішно реалізували цю ідею. Згодом відчули, що клуб впорався зі своїм первинним завданням і навіть переріс його, оскільки ми все більше і більше почали об'єднувати наші зусилля довкола соціальних та благодійних проєктів. Клуб виріс, закрив всі свої початкові потреби, вирішив всі завдання з розвитку, співпраці та спілкування — і почав народжувати мотивації іншого порядку. Спочатку це відбувалося спонтанно й інтуїтивно, але потім ми запустили всередині клубу колективне переосмислення нашої місії і подальшої стратегії розвитку клубу, яке тривало майже рік і складалося з безлічі актів спільної творчості й рефлексії. Це був справжній процес народження нової ідеї і нової місії клубу, і він успішно завершився абсолютним розумінням того, що клуб повинен взяти на себе більшу відповідальність за нашу країну. Відтоді його ключовим пріоритетом стали системні й довгострокові проєкти, здатні позитивно вплинути на розвиток України. Так новою ключовою ідеєю CEO Club стала ідея впливу, а отже, змінилася концепція клубу і, відповідно, деякі критерії відбору.

Таким чином, оскільки ідея клубу є фундаментальним елементом в його створенні і формує певне бачення того, яким він буде (принаймні, на початку свого розвитку), вона повинна дати відповіді на кілька важливих питань.

Що ми створюємо?

Це може бути класичний закритий діловий клуб з обмеженою кількістю членів, або ж відкритий і демократичний клуб з простими критеріями на вході, або асоціація для багатьох різних людей — і все це абсолютно різні організації.

Навіщо ми створюємо клуб?

Це питання визначає клуб з багатьох сторін: яка його головна місія; на що буде спрямована його діяльність; для чого цей клуб засновникам, майбутнім членам і, зрештою, тому суспільству, у якому він буде існувати.

Як ми його створюємо?

Ми створюємо цей клуб удвох, утрьох чи я роблю все сам? З яким юридичним статусом та у якій організаційній формі він існуватиме? Які основні принципи його розвитку?

Для кого?

Відповідь на це питання має чітко окреслити коло тих людей, яких клуб буде об'єднувати за певними критеріями.

Які ресурси нам знадобляться і що з цього у нас вже є?

У питанні створення клубу, крім грошей, не останню роль відіграють репутація і статус, коло контактів і досвід людей, що стоять біля його витоків. Усе це важливо оцінити і в разі потреби посилити вже на старті.

Якими будуть перші кроки?

Тут ми маємо справу з приблизною стратегією розвитку клубу на рік. Сюди входять план щодо членства, план заходів, план розвитку. Річний план такий важливий тому, що, залучаючи у клуб перших членів, ви повинні показати їм не тільки саму ідею, а й те, у чому вони братимуть участь найближчим часом, і цей план стане також їхньою програмою розвитку, а не просто переліком видів діяльності клубу на найближчий рік.

Фінансова й економічна модель клубу

Питання «За рахунок яких ресурсів існуватиме клуб?» потрібно ставити собі вже на початку — і знати чітку відповідь. Тема вибору фінансування — архіважлива, і я до неї ще повернуся.

Резюмуючи викладене вище, зауважу, що ідея є найважливішою частиною концепції клубу: це максимально чітке бачення того, яким він буде. Причому це бачення має бути гранично прозорим як для самого засновника, так і для майбутніх членів. Зрозуміло, що з часом концепція буде змінюватися, трансформуватися й уточнюватися, але її необхідно мати задовго до того, як ви приймете в клуб хоча б одну людину. І не важливо, створюєте ви клуб спортсменів-чемпіонів чи клуб мільйонерів вашого міста. Важливо, що у будь-якому випадку ідея — це ваш прапор і ваш маяк. І ще. Чим сміливішою буде ваша ідея, тим краще**. Сміливість в ідеях — ваш джокер в рукаві.** Вона додасть нових відтінків вашому іміджу ділової людини і засновника клубу і допоможе йти швидше і впевненіше до всіх мрій і життєвих цілей, яких у вас напевно в надлишку, інакше б ви не зважились об'єднувати людей заради їхньої взаємної користі, співпраці і творчого зростання.

Розділ 12

ЯК ЗАЛУЧАТИ НОВИХ ЧЛЕНІВ ДО КЛУБУ?

Краще жити з однією людиною високої душі і бути спокійним і незалежним, ніж вести жалюгідне життя в товаристві багатьох.

Епіктет

Обираючи підхід до рекрутингу, вкрай важливо пам'ятати: активна фаза формування клубу починається із залучення нових членів. Оскільки це процес постійний, безперервний і триває стільки, скільки живе клуб, у ньому обов'язково повинна існувати продумана система рекрутингу. І у вас має бути дуже чітке бачення того, як відбуватиметься рекрутинг саме у вашому клубі. Поповнювати його новими членами надзвичайно важливо, тому потрібно чітко налагодити цей процес. Тут багато що залежить від концепції клубу і його завдань, від цільової аудиторії, а також від конкуренції з іншими організаціями та ряду ще деяких аспектів. В одних клубах створюються внутрішні комітети з учасників, які запрошують нових людей, у інших ця відповідальність покладена на одного менеджера, а у деяких клубах системний плановий рекрутинг взагалі відсутній і процес приєднання нових членів відбувається природно, сам собою.

Особисто я застосовував у рекрутингу два різних стратегічних підходи. Перший — ***проактивний,*** коли ви шукаєте нових членів цілеспрямовано й системно, фактично у стилі агресивних продажів; другий — ***пасивний,*** коли прямого продажу або активного залучення людей не відбувається. Комбінація цих двох підходів теж можлива, але, як правило, у клубній культурі домінує лише один з них. Обираючи свою стратегію залучення членів, вам потрібно визначитися з кількома важливими моментами — такими, як статус, фінансові можливості і рівень уваги соціуму до тих, хто становить аудиторію клубу. Аудиторію потрібно проаналізувати з точки зору бізнес-параметрів (який бізнес — великий, середній чи малий — є ядром спільноти), а також який вік членів клубу і яка їхня географія. І нарешті, важливо врахувати місію, цінності і принципи вашого об'єднання. До всіх цих чинників процес рекрутингу дуже чутливий, і результат безпосередньо залежить від кожного з них.

У клубі обов'язково повинна існувати продумана система рекрутингу.

Як ви вже знаєте, CEO Club починався лише з восьми учасників; на сьогодні ж у клубі більше двохсот членів. Можливо, на тлі десяти років існування клубу це не виглядає значним досягненням, адже в Україні є співтовариства, які залучали не меншу кількість людей лише за кілька років і навіть значно швидше. Але якщо вдумливо оцінити нашу місію, ключову ідею, цінності та критерії відбору членів клубу, такий висновок буде поспішним.

Спочатку ми концентрувалися на тому, щоб створити «ідеальний світ» для розвитку, який би об'єднував успішних бізнесменів, близьких своїми цінностями, духом і статусом, для спільного зростання, спілкування і співпраці. Це був наш ключовий вектор, і ми реалізовували його через об'єднання тільки за особистісними якостями і тільки дуже успішних і досвідчених бізнесменів, створюючи клуб виключно як цілісний живий організм. Я хочу сказати, що на початковому етапі нарощувати кількість учасників взагалі не входило в наші плани. Ми повністю сфокусувалися на тому, щоб у клуб приходили, залишалися там і будували свою камерну територію глибокої довіри тільки люди, які відповідають усім нашим критеріям. Зізнаюся, навіть коли в новонародженому CEO Club було тільки вісім осіб, я вже щиро вважав, що наш клуб самодостатній і, навіть якщо нас не стане більше, ми все одно успішні, бо кожен із цих восьми — унікальна особистість і всі разом ми становимо єдине ціле.

Таким чином, ми якось природно пішли іншим, пасивним шляхом. Жодних спеціальних інструментів для залучення нових членів і ніяких виділених на це ресурсів у нас не було, а наша стратегія рекрутингу полягала в тому, щоб створювати унікальне співтовариство, не зациклюючись на процесі пошуку нових людей.

Обираючи такий підхід до рекрутингу, ми були переконані, що наш успіх сам по собі незмінно притягуватиме людей — саме тих, хто резонує з нашими цінностями й атмосферою, адже подібне притягує подібне, а все, що робиться з позитивним настроєм і з глибоким розумінням місії та цілей, обов'язково викличе у просторі відповідний резонанс. Головним чином ми фокусувалися на самій ідеї клубу і на тому, щоб мати справу тільки з найбільш достойними, чітко дотримуючись критеріїв відбору бажаючих поповнити наші ряди. Як показала практика, саме ця стратегія «непритягнення» виявилася для нашої цільової аудиторії найбільш виправданою. Наші 220 членів клубу — це не просто 220 прізвищ: це 220 унікальних особистостей, які разом становлять єдину блискучу спільноту. Нехай наша аудиторія не дуже численна, зате за якістю вона значно перевершує аудиторії багатьох інших об'єднань, і в нашому випадку це саме те, що визначає міць клубу.

Досвід — це не те, що відбувалося з людиною, а те, що вона з цього винесла.

Щоб пояснити, чому у нас спрацював саме такий підхід, хочу трохи докладніше розповісти про нашу цільову аудиторію, представивши збірний портрет члена CEO Club. У першу чергу це власник/співвласник/топ-менеджер великої компанії. Його досвід у бізнесі становить в середньому 15–30 років, кількість співробітників його компанії коливається від 300 до 5000, а показники річної виручки — в середньому від 10 до 300 мільйонів доларів. Зазвичай усі ці люди вже закрили всі базові потреби, мають сім'ю з двома-трьома дітьми середнього або старшого віку і досить вагомий життєвий досвід, у тому числі досвід проходження через кризи. У легкій авіації кажуть: «Є два типи пілотів: ті, хто вже сідав з прибраним шасі, і ті, у кого це ще попереду». Той, хто помилявся і готовий про це розповісти, завжди являтиме собою дуже цінний людський ресурс, тому що досвід — це не те, що відбувалося з людиною, а те, що вона з цього винесла. Така людина пройшла довгий і складний шлях до вершини, і їй на цьому шляху було дуже несолодко, але вона впоралась, попрацювала над помилками і зробила багато висновків, якими може поділитися. Крім того, ця людина постійно намагалася довести собі й іншим, що успішна, тому, імовірно, вона дуже впевнена у собі, поважає себе і вважає, що її повинні поважати й оточуючі, адже вона багато років створювала цінності не лише для себе, а й для інших. Така особистість очікує належного визнання і поваги, і це важливий аспект, який потрібно враховувати у клубній концепції.

Також у цих людей є визнання, статус, гроші й інші ресурси, і тому всі хочуть мати з ними справу. Як варіант — спілкуватися і дружити, але все одно, якщо говорити про більшість, то, найімовірніше, щось отримати від них або щось їм продати. Тож цим людям у соціумі забезпечено підвищену увагу: від прохань і пропозицій до постійних запрошень на всілякі події і заходи.

Така ситуація має побічні ефекти — наприклад, досить часто ці люди свідомо розвивають у собі вимушену соціальну відстороненість і надзвичайну вибірковість, оточуючи себе бар'єрами, бо інакше неможливо жити своїм життям. Адже часу так мало, а коло відповідальності таке велике. Поступово ці люди починають з підозрою ставитися до нових облич у своєму оточенні, до дружби як такої — і стають все більш самотніми на своїх «вершинах». Ці нюанси слід враховувати при створенні клубу для такої аудиторії: залучити цих людей звичайними способами і запрошеннями буде не просто складно, а практично неможливо, адже їх хочуть бачити у себе буквально всі!

Крім того, неважко здогадатися, що за двадцять років бізнес-досвіду вони, швидше за все, сформували дуже широке коло зв'язків, а якщо когось і не знають, то дуже легко можуть познайомитися, спираючись на вже існуючі контакти. Тож робити ставку на нетворкінг у чистому вигляді було б помилкою: для нашої цільової аудиторії він не стане надцінністю — скоріше навпаки. Зазвичай ці люди дуже перевантажені новими контактами і спілкуванням, тож пропонувати їм клубний нетворкінг як щось найважливіше — велика помилка: імовірніше за все, ефект буде протилежним. Їх також не цікавлять тусовки і якісь поверхневі заходи: ці люди постійно вчаться і здатні купити собі участь у найдорожчих івентах і програмах, які тільки існують у світі. А ось спілкування із собі подібними, обмін досвідом з рівними, атмосфера довіри й особливі спеціальні заходи дають те, чого їм так не вистачає в рутинному житті: адже глибоке, якісне і довірче спілкування у теплій атмосфері з такими самими, як вони,— це і є найбільша потреба цих людей. А отже, алгоритм дій по залученню має бути прямо протилежним: не запрошувати їх настирливо, не продавати їм нічого і не нав'язувати себе. Вони самі вас знайдуть, коли прийде час. Знаєте, чому я так у цьому впевнений? Тому що ми бачимо кандидатів не такими, якими ***вони*** є. Ми бачимо їх такими, якими ***ми*** є.

Існує ще один важливий фактор, який потрібно знати про таку аудиторію. Люди, що заробляють великі гроші, багато чого бачили, багато чому навчилися і пройшли через безліч професійних та власних криз. Це вже сформовані особистості, і у них своє особливе ставлення до всього, що відбувається навколо. Вони тонше відчувають, глибше бачать і не потерплять подвійних стандартів, обману, маніпуляцій і формальності. Для більшості з них матеріальні цінності, гроші й інші атрибути статусу найчастіше вже не такі значущі, як для підприємців-початківців. Тому, якщо у вашому клубі форма превалює над суттю, вам складно буде залучити й утримати таких людей. Починаючи формування CEO Club, я розумів мотивацію нашої аудиторії не так глибоко, і стратегія «непродажу» була обрана нами скоріше інтуїтивно, але вона органічно доповнила ідею клубу і підкреслила головні цінності нашої цільової аудиторії. Цей приклад наочно демонструє один з варіантів стратегії рекрутингу з урахуванням специфіки цільової аудиторії і концепції самого клубу.

> *Ми бачимо кандидатів не такими, якими* ***вони*** *є. Ми бачимо їх такими, які* ***ми*** *є.*

Але є й інші варіанти стратегій рекрутингу — вони будуть ефективні за наявності інших вхідних даних. Як приклад наведу Young Business Club (YBC), де я виступаю одним із засновників і тому точно знаю, як все влаштовано всередині. Це молодий клуб, але він вже заявив про себе і сьогодні налічує понад 1 200 членів з різних міст України і світу та має філії в Нью-Йорку, Майямі, Дубаї і Лондоні. Для цього клубу була обрана зовсім інша стратегія рекрутингу, оскільки його цільова аудиторія і цілі значно відрізняються від таких у CEO Club. Типовий член YBC — це молодий підприємець 25–30 років, який у бізнесі в середньому від двох до п'яти років і середній річний дохід компанії якого становить від ста тисяч до одного мільйона доларів на рік. У багатьох із цих молодих людей ще немає сімей або є пара, але немає дітей; також вони внаслідок свого віку ще не встигли пройти через якісь власні і бізнес-кризи. Найчастіше у них ще попереду довгий шлях формування себе і як особистості, і як бізнесмена. (Це і не добре, і не погано: ми повідомляємо даний факт виключно тому, що такою є характеристика цієї аудиторії, і саме на ній базуватиметься вибір рекрутингової стратегії.) А ще в цьому портреті є й інша важлива особливість: ці люди — представники цифрової епохи, які багато часу проводять в інтернеті та у соціальних мережах, і вони куди більш відкриті й комунікабельні, ніж попередні покоління бізнесменів. Ця молодь космополітична, вона мислить і діє глобально, і їй властиво робити ставку на нові технології і нові бізнеси. Також, оскільки вона поки що тільки на початку свого підприємницького шляху, їй належить виконати величезну кількість завдань: активно формувати і розвивати свою мережу зв'язків; постійно вчитися, приділяючи особливу увагу бізнес-практикам; створювати і розвивати свою справу; зібрати всі атрибути успіху і статусу (машина, будинок і різні коштовні аксесуари, а також значну, відповідно до трендів, кількість підписників у соціальних мережах) та об'їхати весь світ; а найголовніше — довести собі і всім, що вона успішна. Крім того, ці молоді зростаючі підприємці дуже залучені в конкуренцію, яка у їхньому середовищі неймовірно висока, і тому їм, в силу бізнес-логіки, на цьому життєвому етапі потрібен нетворкінг, зв'язки, тусовки і все, що дозволить стати частиною ділового соціуму якомога швидше. Їм необхідно продемонструвати свої переваги і статус, здобувши визнання, і поводяться вони відповідним чином: проявляють високу активність, беруть участь у всіх заходах і з усіх сил намагаються показати оточуючим всі свої досягнення і зміни у статусі. Дуже добре пам'ятаю, яким п'ятнадцять років тому був я сам, коли все це точнісінько так відбувалося зі мною. Я відвідував безліч різних івентів, зустрічей, тренінгів, тусовок, усе це було дуже цікаво і надихало, і така активність відіграла важливу роль у моєму подальшому становленні. У випадку з такою цільовою аудиторією потрібно діяти саме проактивно, і вона добре на це відгукується: YBC в процесі розвитку дуже швидко й динамічно залучав нових членів і вже за перший рік набрав до своїх лав майже 200 осіб.

Таким чином, порівнюючи ці дві цільові аудиторії, ми бачимо величезну різницю, і в першу чергу — у частині мотивацій і потреб. Відповідно, логічним є і те, що у цих клубів, з огляду на їхню цільову аудиторію, а також мету і контекст, стратегії рекрутингу повинні відрізнятися. Вкрай важливо розуміти справжні потреби тих, з ким маєш справу і будуєш комунікацію, інакше людей не зібрати. Тому в кожному конкретному випадку стратегія рекрутингу має бути своєю.

Якщо ж абстрагуватися від будь-якої концепції рекрутингу і просто подивитися на інструменти, що ними можна скористатися для залучення людей у клуб, я готовий поділитися кількома рішеннями, які здаються мені досить цікавими й ефективними.

Насамперед це ***особисте спілкування з членами клубу:*** у них можна запитати, чи готові вони порекомендувати когось, хто відповідає вашим критеріям відбору. Думка людей, які вже всередині вашої організації, буде цілком доречною; крім того, вони відчуватимуть, що на них зважають і їхня точка зору важлива.

Незайвим буде скласти ***свій власний список зі ста-двохсот імен*** тих, кого ви розглядаєте як потенційних кандидатів, після чого розіслати його членам клубу і спитати, чи знають вони когось із цього списку і яку мають думку про цих людей.

Також будуть доречними ***спільні заходи з іншими організаціями***, які так чи інакше працюють з вашою цільовою аудиторією, але не конкурують з вами. Фактично у цей момент відбувається класичний «непрямий продаж» і взаємне проникнення. Крім того, можна організувати якийсь проєкт, що безпосередньо клубу не стосується, але за допомогою якого вдасться налаштувати спілкування з потенційними кандидатами,— наприклад, провести бізнес-дослідження, серію інтерв'ю, конференцію або великий форум. Подібні заходи можуть привести до вас нових людей природним шляхом.

Не менш вдалим може стати ***виїзний захід*** тривалістю в кілька днів. Ви організовуєте його для членів клубу, але можете запросити і певну кількість людей, що не входять до вашого клубу (бажано не більше 10–20 %). За кілька днів спілкування прожиті емоції і враження зближають членів вашого клубу з іншими людьми, і у запрошених часто виникає бажання приєднатися до клубу завдяки його атмосфері.

Один з моїх улюблених і дієвих інструментів — ***цільовий творчий контактний таргетинг.*** Є така чудова книжка Стю Хейнеке «Як добитися зустрічі з ким завгодно». У ній дуже яскраво описано, як нестандартними способами можна домогтися зустрічі з будь-якою людиною і зацікавити її своїм продуктом чи ідеєю. Для цього потрібно лише добре вивчити вашого кандидата, всі його ключові інтереси, хобі та особливості, а потім придумати творчу ідею, яка стовідсотково його зачепить. У книжці Стю ви знайдете десятки таких ідей.

Будуючи і розвиваючи клуб, важливо розуміти, що у перші кілька років його життя усвідомлений активний рекрутинг має неабияке значення. Поки клуб ще маловідомий, поки він не сформувався як по-справжньому цінний і яскравий бренд, саме вам доведеться самостійно шукати людей. І коли через кілька років він вже почне працювати на вас, ви побачите, що організували найкращий рекрутинг з можливих, а члени клубу настільки задоволені, що з радістю вас рекомендують і самі приводять до вас людей.

Розділ 13

ІНІЦІАЦІЯ ТА ІНТЕГРАЦІЯ

Залучення до цінностей більш розвиненого суспільства розкриває творчу енергію людини і тим самим робить її незалежною і вільною.

Зафар Мірзо

Сьогодні у великих містах цивілізованого світу можна знайти дуже багато так званих закритих клубів. Часто вони розташовані в окремих гарних будинках зі своїми ресторанами, конференц-залами і безліччю привабливих сервісів, доступ до яких мають тільки члени клубу. По-справжньому закритими всі ці клуби були дуже давно, а сьогодні членом такої спільноти може стати практично всякий, хто погодиться платити внески (близько 500–600 фунтів на рік). Це тільки ілюзія закритого клубу, де підміна процедури ретельного відбору одним лише фінансовим внеском зводить нанівець головний сенс такого співтовариства. Подібний клуб не забезпечує схожості інтересів і атмосфери довіри, не формує внутрішнє коло безпеки і не стає «простором для своїх», тому що його учасники не проходять процедуру ідентифікації, відбору і подальшої інтеграції. Для мене ж ці етапи входження у клуб є вкрай важливими елементами і клубного життя, і самого клубу, який, як і раніше, готовий відстоювати право групи людей на довірче спілкування і розбірливість у контактах.

Мені не здається перебільшенням називати саме ініціацією момент приєднання кожного нового учасника до CEO Club: це і справді абсолютно нові горизонти і великий початок — початок нового Шляху, нових осягнень і відкриттів. Це відправна точка надзвичайно цікавої подорожі, наприкінці якої ти знаходиш нового себе — більш стійкого, цілісного й ефективного. Того, хто більше бачить, міцно стоїть на ногах і знає, як себе реалізувати у довгостроковій перспективі. З огляду на статус людей, які приходять у клуб, це макрорівень, але і йому доведеться стати ще більшим за рахунок колективного «плеча».

Процедура ініціації в сучасних ділових клубах — дуже доречний маркер нового життєвого етапу для «новобранців».

Initium у перекладі з латини означає «початок». У клубі ініціація — це момент, коли людина розуміє, що вона вже «своя» всередині закритої спільноти. Ініціація позначає закінчену подорож через межу всередину кільця. Після ініціації інсайдери отримують нові привілеї і цінуються за те, що перетнули рубіж. Їм більше не треба нічого доводити. І навіть якщо у клубі цього процесу як прямої дії не існує, новачки все одно шукатимуть щось таке, що можна хоча б інтерпретувати як ініціацію. Тому краще приділяти їй достатню увагу у списку інших клубних подій.

Власне, посвячення можуть виглядати як завгодно. Нехай вони не будуть складними, але це мають бути ***дії і події,*** які всіма незмінно сприймаються як визнання і вітання. У різних спільнотах це виглядає по-різному: наприклад, існують освітні семінари, колишні слухачі яких стають членами асоціації випускників, і це типово для MBA-шкіл. У спортивних організаціях це трапляється, коли ви досягаєте певного рівня і здаєте потрібні нормативи. У студентських клубах це може бути якийсь веселий ритуал на кшталт смішної клятви, виголошеної публічно. У різного роду таємних товариствах це можуть бути справжні костюмовані театральні постановки. Але так чи інакше, це чітко позначений шлях всередину, і процедура ініціації в сучасних ділових клубах мені здається дуже доречним маркером нового життєвого етапу для «новобранців».

Якщо в CEO Club кандидата на вступ визнали таким, що відповідає всім критеріям відбору, ми шукаємо мінімум три рекомендації від знайомих нам людей (не обов'язково членів клубу), які добре його знають. Якщо з рекомендаціями все гаразд, починається процес більш близького знайомства людини з клубом (і навпаки), яке складається з двох етапів.

Перший етап. Кандидата запрошують у статусі гостя на три зустрічі клубу, дві з яких проходять у міні-форматі (до десяти осіб). Зустріч є дискусією на задану тему, наша мета — краще зрозуміти гостя і як людину, і як учасника дискусії. Після кожної зустрічі учасники (діючі члени клубу) дають зворотний зв'язок щодо гостя. Якщо після всіх трьох зустрічей ми бачимо незмінно позитивний зворотний зв'язок і самому гостю все подобається, його запрошують стати кандидатом у члени клубу на термін від трьох до шести місяців. Починається ***другий етап***, який передбачає більшу кількість можливостей і зустрічей для знайомства людини з клубом, а клубу — з людиною. Це ціла технологія, стихійно нічого не відбувається. Кандидат зобов'язаний взяти участь у певній кількості малих дискусійних форматів, які дають можливість отримувати зворотний зв'язок від членів клубу стосовно того, як людина поводиться під час дискусій, чи вміє спілкуватися, про що розповідає, які цінності транслює, як проявляє себе тощо. Річ у тому, що такі маркери проступають тільки в малих дискусійних форматах з обмеженою кількістю учасників. На великих зустрічах, де спікер і багато людей, кандидат не має можливості проявити себе, і зібрати про нього таку інформацію практично неможливо.

Кандидат може бути у статусі гостя і знайомитися з клубом до шести місяців — у нього є час зважити всі за і проти і зрозуміти, чи підходимо ми одне одному, а також чи зможе він дозволити собі приділяти цій справі час і будувати всі свої життєві процеси так, як того вимагає клубне життя. Якщо протягом часу, відведеного на «гостьову» присутність у клубі, всі процеси пройшли благополучно, завершальним акордом стає остаточне голосування всіх членів спільноти. Це і є той момент, після якого і кандидат, і члени клубу розуміють, що він уже «свій», відтепер він всередині «зграї». Це і є ***ініціація входження в клуб.***

Щоправда, на відміну від багатьох організацій, які приймають людей одразу ж, ми цей момент остаточним не вважаємо. Якщо ви дійсно розвиваєте співтовариство як живий організм, вам потрібно більше часу, щоб ближче познайомитися з новачком і краще його вивчити з усіх боків. Так само і новачку потрібен певний час, щоб відчути атмосферу незвичного середовища, усвідомити себе в ньому й оцінити його вплив. Адже зрозуміти, що таке справжній закритий клуб, можна тільки тоді, коли глибоко зануришся в його життя.

> *Тільки уміло спланована і підпорядкована серйозним протоколам інтеграція дозволяє зробити процес занурення новачка у клуб комфортним.*

Але як ви собі уявляєте цей процес «занурення»? Адже новачок щойно був чужинцем для згуртованої клубної співдружності, і, опинившись серед бажаних «рівних», все одно відчуває їх абсолютно чужими людьми. Саме тому **управління інтеграцією нових членів — це дуже важливий процес, і ми ніколи не пускаємо його на самоплив.** Занурення в середовище — це теж частина створеної нами єдиної екосистеми співпраці, взаємодії і розвитку, яку новоприбулі починають відчувати на собі з перших днів. Ми «ведемо» нових членів клубу (особливо інтровертів, яким складно будувати стосунки) буквально від самого початку, супроводжуючи їх на всіх етапах знайомства з клубом і людьми. Далі я покроково покажу, що відбувається з кожним новим членом спільноти, на прикладі «героя» — людини, яка потрапляє в клуб і стає однією з нас.

Після описаної процедури затвердження (ініціації) «герой» має зробити ще кілька кроків: оплатити членський внесок, пройти ще одне, більш глибинне інтерв'ю і процес онбордингу. Із внеском все просто, а от дві наступні процедури більш складні і до того ж вкрай важливі. На другому інтерв'ю ми не просто спілкуємось, а й отримуємо про людину важливу особисту інформацію, якої нам поки що бракує. Це можуть бути ключові компетенції «героя», експертизи і можливості; зона його найближчих інтересів, цілей і завдань; пріоритети в розвитку тощо. Ця інформація потрібна для того, щоб, з одного боку, додати її до нашої єдиної клубної бази можливостей, а з іншого — для того, щоб з'ясувати, у чому клуб може стати максимально корисним новачкові. У свою чергу, процес онбордингу — це наша зворотна взаємодія клубу з «героєм», мета якої — донести до нього всю інформацію про клуб. Протягом години-двох менеджери, акцентуючи увагу на ключових цінностях, розповідають людині про всі клубні можливості та інструменти, якими можна скористатися, про те, як відбуватиметься подальша інтеграція, а також які правила існують у нашій спільноті.

Від самого початку роботи над CEO Club ми приділяли найпильнішу увагу моменту входження новачка у клуб і кожного разу знову і знову переконувалися: така увага абсолютно виправдана і по-іншому не можна. Тільки уміло спланована і підпорядкована серйозним протоколам інтеграція дозволяє зробити процес такого занурення комфортним.

Розділ 14

ВНУТРІШНЯ МАГІЯ

Моя бізнес-модель — група «Бітлз». Чотири хлопці контролювали негативні прояви один одного. Вони врівноважували один одного, і загальний підсумок виявився більшим за суму окремих частин.
Ось як я дивлюся на бізнес: великі справи не робить одна людина, вони здійснюються командою.

Стів Джобс

Як тільки «герой» стає членом клубу, він занурюється в нове для себе середовище, де на нього чекає рух у двох напрямках:

- персональний розвиток себе як особистості і як бізнесмена;
- ефективна взаємодія і співпраця з іншими, а в разі потреби — захист, наданий клубною спільнотою.

Ці два напрямки кожному, хто прийшов у наш клуб, закривають всі потреби — від розвитку себе як лідера до позитивного впливу на весь світ.

Персональний розвиток. Кожен член клубу — це успішна людина, яка усвідомлює важливість постійного і безперервного апгрейду себе як особистості. Вона розуміє, що зовнішній світ і зовнішні результати, будь то бізнес, сім'я чи соціальний статус, є відображенням її внутрішнього, персонального розвитку. Тому всякий успішний клуб повинен задовольняти цю потребу як ключове завдання кожного, хто в нього входить, на найвищому рівні. Зрозуміло, сьогодні існує величезна кількість найрізноманітніших інструментів і можливостей для самостійного розвитку: від курсів, тренінгів, семінарів та локальних і глобальних бізнес-шкіл, де можна обирати як повноцінні системні MBA-програми, так і короткострокові,— до лекцій і виступів найрозумніших людей планети, які можна знайти в Мережі у вільному доступі або за символічну плату. Очевидно, що сьогодні немає жодних проблем з контентом для розвитку. Скоріше навпаки: його надлишок є чи не персональним викликом (у зв'язку з необхідністю ретельного відбору) і стає додатковим завданням для людей, які щиро шукають, але вкрай зайняті. Зрозуміло, на тлі такого розмаїття клуб просто зобов'язаний запропонувати щось таке, чого неможливо купити навіть за дуже великі гроші.

Проєктуючи наш напрямок розвитку, ми враховували три важливі особливості аудиторії нашого клубу: надкваліфікація, ментальний вакуум і дефіцит часу.

Надкваліфікація. Ці люди дійсно overqualified. Вони дуже розумні, мають величезний досвід, широкі знання і глибоко розуміють суть речей. Вони чимало пережили, багато чого навчилися і, швидше за все, продовжують здобувати необхідні знання та навички у кращих бізнес-школах світу, тобто вони перенасичені знаннями.

Ментальний вакуум. Успішні люди часто самотні на своїх вершинах. Вони не відчувають нестачу у спілкуванні, але їхнє спілкування — це скоріше велика кількість транзакційних, рутинних, функціональних комунікацій з партнерами на тему бізнесу або ж не менш рутинне спілкування з командою і співробітниками. Комунікація такого роду досить поверхнева і до того ж формує постійний дефіцит часу на спілкування іншого характеру — якісне і глибоке. Один член нашого клубу з цього приводу якось мені сказав: «Ти знаєш, у мене в цій країні так багато зв'язків і значущих людей, але так мало якісного, довірчого і змістовного спілкування». Зрозуміло, таку опцію, яка надається клубом, переоцінити неможливо.

Час і географія. Цей чинник дуже важливий для всіх успішних людей. Час коштує дуже дорого, і вони ретельно зважують свої пріоритети. Крім того, майже всі члени клубу здійснюють багато ділових подорожей по всьому світу, керуючи різними бізнесами, і не завжди мають можливість фізично бути присутніми на заходах.

З огляду на все вищезгадане ми винайшли свою внутрішню екосистему розвитку успішних лідерів (про неї розповім трохи пізніше) й інтегрували її у струнку систему розвитку CEO Club, отримавши суперефективний продукт для дуже зайнятих і успішних людей, доступний 365 днів на рік і не прив'язаний до географії. Ми забезпечуємо членам клубу можливість розробляти власну програму розвитку залежно від пріоритетів, потреб і завдань і максимально гнучко планувати свій час і логістику з урахуванням завантаженості. Це дозволяє клубу залишатися клубом, а його учасникам — відчувати себе частиною цілісного, багатогранного, сильного і згуртованого організму.

Напрямок, який я називаю «мегамозком», націлений на ефективну взаємодію, співпрацю і захист і дає кожному члену клубу можливість легко й швидко розв'язувати питання будь-якого рівня складності і знаходити інвестиції або фінансування, різні експертизи, знання, цінну й важливу інформацію, партнерів, захист, підтримку і багато чого іншого. Для цього всі клубні події ми створюємо і наповнюємо цілком осмислено і прицільно, вибудовуючи зв'язки й об'єднуючи людей з огляду на їхні інтереси та ідеї. Уміло поєднуючи всі індивідуальні ресурси і можливості в колективний «банк», ми робимо їх однаково доступними для всіх — погодьтеся, це дуже зручно. Але щоб така модель дійсно була робочою й ефективною, її необхідно побудувати і закріпити. І для цього ми скористалися кількома інструментами.

Правила. У нас дуже чітко прописано, що кожен член клубу має право з усіх питань звертатися до будь-якого іншого члена клубу, навіть якщо вони ще не знайомі. До того ж ми розробили певний регламент, де позначено, як можна зробити це екологічно й ефективно.

Колективна система зв'язків. У нас є клубний додаток, у якому розміщено докладні профайли всіх членів клубу. У них вказано види діяльності і бізнеси учасників, експертизи, знання, інтереси, хобі тощо. Крім того, у нас існує система клубних чатів, чітко сегментована за темами. Чат, який називається HELP DESK, об'єднує всіх членів клубу і призначений тільки для бізнес-питань. Чат дуже прагматичний, і ним можна користуватися, ставлячи питання клубному «мегамозку», 24 години на добу. Інші чати стосуються сім'ї, здоров'я, хобі і так далі.

Адміністрування комунікації. Я вже згадував, що жоден процес в CEO Club не пущений на самоплив. Це стосується і системи колективних зв'язків, яку постійно модерує і моніторить адміністратор. Його функція — стежити за тим, щоб кожен запит був задоволений, а якщо цього не відбувається протягом певного часу, він сам підключається до процесу і допомагає знайти потрібних людей і потрібні відповіді. Усі запити й відповіді за весь час існування чатів клубу накопичуються і структуруються у спеціальній клубній базі знань і можливостей. Крім того, адміністратор традиційно стежить за культурою комунікації і не допускає некоректних ситуацій під час спілкування учасників чату.

Зворотний зв'язок. Двічі на рік менеджмент клубу планово проводить з кожним членом докладну розмову. Мета — дістати зворотний (в тому числі й емоційний) зв'язок щодо всіх поточних клубних процесів від кожного особисто; дізнатися про зміни в житті й інтересах учасника; з'ясувати, яких можливостей йому не вистачає, і врахувати це при плануванні подальшого розвитку клубу, а також донести до людини інформацію про майбутні нові проєкти та ініціативи.

Постійний доступ до унікальних інструментів для бізнес- і соціальної трансформації (у тому числі й ресурсів усіх членів клубу) скорочує дистанції і відчутно економить безцінний час. А постійний контакт з менеджментом клубу і довірче спілкування у безпечному просторі завершують цей процес відчуттям неймовірно комфортної співпраці і продуктивної кооперації.

Уміло поєднуючи всі особисті ресурси і можливості в один колективний «банк», ми робимо їх однаково доступними для всіх.

Далі на конкретних прикладах наших заходів різного формату я покажу, яким чином ці два напрямки перегукуються і пов'язуються воєдино у готових продуктах — наших івентах.

Розділ 15

ЕКОСИСТЕМА РОЗВИТКУ ЛІДЕРІВ

Досконалість не має меж. Шлях розвитку — це шлях довжиною в життя.

Автор невідомий

Я абсолютно переконаний, що не існує однакових програм розвитку для всіх, як не може бути для всіх однакових тем, форматів та інструментів. У клубі такого рівня, як CEO Club, це зовсім неможливо, оскільки всі його учасники — унікальні й самодостатні особистості з високим рівнем розвитку, які цілком реалізували себе і здобули визнання у суспільстві, і на це треба зважати. Тому абсолютно всі програми наших клубних заходів ретельно продумані і комплексно реалізовані з урахуванням обох підсистем розвитку — і соціальної, і особистісної. З гордістю можу сказати, що справжня користь і справжня магія всіх наших клубних заходів — це результат, який ми вивіряли роками, відшліфовуючи його дуже вдумливо й буквально покроково.

Але так було не завжди. Як і багато інших клубів, CEO Club починав свою діяльність з класичної схеми — організації регулярних (щомісячних) івентів з виступами спікерів та їхнім спілкуванням з аудиторією. Трохи пізніше кількість таких зустрічей зросла до двох-чотирьох на місяць.

Уважно спостерігаючи за аудиторією, ми поступово усвідомили, що такий формат не дуже підходить нашим учасникам. Тоді ми почали одну з найважливіших трансформацій клубу і запустили зовсім іншу модель: перемістили фокус уваги із запрошених спікерів і зовнішнього контенту на самих членів клубу, і тепер я абсолютно переконаний, що це одна з кращих моделей розвитку для тих, хто вже досяг певного успіху. Ми усвідомили, що перед нами — справжній океан живого досвіду, знань та експертиз, а носії цих знань — наші учасники. Так ми звели кількість запрошених спікерів до мінімуму і дали можливість стати контентмейкерами самим членам клубу, створивши систему зовсім іншого порядку.

Integration and discussion dinner — формат, особливо важливий для інтеграції новачків: вони стають «своїми» вже на старті членства в клубі.

Сьогодні всередині нашої спільноти існують десятки міні-груп по шість — п'ятнадцять учасників, де люди спілкуються, обмінюються досвідом, працюють над певними темами й напрямками. Усі ці міні-групи різняться форматами, цілями, тематиками і кількістю учасників. Але найцінніше в них — це довіра, глибина спілкування і якісний діалог, коли об'єднуються знання і досвіди, а дійовими особами є члени клубу. Як то кажуть, головне у мандрівці — не нові пейзажі, а нові очі.

Один з унікальних форматів, що його ми постійно практикуємо,— ***integration and discussion dinner.*** Це щотижнева вечеря (іноді обід чи сніданок), у якій беруть участь від восьми до дванадцяти осіб з числа членів клубу та новоприбулих кандидатів. У комфортній неформальній атмосфері ми реалізуємо в дискусійній формі дві цілком конкретні цілі: знайомство й обмін досвідом. Коли я кажу про знайомство, то маю на увазі знайомство в розумінні «люди», а не в аспекті «бізнес» чи «статус». Кожен учасник вечері розповідає одну зі своїх життєвих історій, яка обов'язково містить щось особисте, і таким чином за кілька годин integration and discussion dinner всі учасники знайомляться між собою досить близько. Ще одна мета такої зустрічі — дискусія й інформаційний обмін досвідом з важливих питань, але вже з таких категорій, як «бізнес», «соціум» тощо.

Отже, integration and discussion dinner дає учасникам відразу два важливих бенефіти: вони знайомляться з новими людьми і в неформальному спілкуванні здобувають нові знання, корисну інформацію, а іноді навіть унікальні ідеї та рішення. Цей формат особливо важливий для інтеграції новачків, і значення такого спілкування переоцінити неможливо: взявши участь у кількох подібних зустрічах, вони стають «своїми» і з багатьма будують довірчі стосунки вже на са́мому старті членства у клубі.

Ще один дуже продуктивний формат спілкування — це зустрічі ***peer to peer.*** За глибиною і значущістю він, можливо, один із ключових у клубі. Придуманий досить давно для дуже успішних людей, які вже багато чого досягли, але хочуть активно розвиватися й далі, peer to peer успішно застосовується у багатьох міжнародних клубах. Для глибокого спілкування формується група до десяти осіб — вони беруть участь у цих зустрічах на постійній основі і регулярно. Peer to peer — це клуб всередині клубу, міцна бізнес-сім'я, згуртована команда або навіть, якщо хочете, персональний борд. У кожній такій групі є свій модератор — психолог, який на початковому етапі повинен допомогти учасникам сформувати довіру, визначити правила взаємодії і налаштувати спілкування й обмін інформацією всередині групи. Після того, як усе це буде налагоджено, учасники починають взаємодіяти в режимі щомісячних зустрічей в комфортній конфіденційній атмосфері. Але, на відміну від попереднього формату (integration and discussion dinner), тут не обговорюють сторонні теми. У кожної зустрічі є тільки один «герой», один з учасників групи, і вся зустріч повністю присвячується його власному кейсу. Так, тут люди іноді виносять на розгляд дуже інтимні й складні приватні ситуації, які більше ніде й ні з ким вони з цілком зрозумілих причин обговорити не можуть, тож для статусних, відомих у бізнесі людей така можливість — велика цінність.

З точки зору втілення й організації такий формат на перший погляд здається дуже простим, але це не так. Щоб досягти по-справжньому високої якості контакту і рівня довіри, потрібно врахувати безліч аспектів: і психологічну сумісність учасників групи, і дотримання певних правил, і збереження відповідної атмосфери, і багаж життєвого та бізнес-досвіду учасників, і професіоналізм модератора. Ми практикуємо зустрічі peer to peer в CEO Club вже більше семи років і пройшли хтозна-скільки трансформацій, адаптуючи формат до українських реалій. Пізніше його копіювали й використовували неодноразово у нашій країні (а декому я навіть допомагав його впроваджувати), але у всіх це працює по-різному. Щоб такий формат зберігав свою суть і забезпечував реальну практичну допомогу учасникам групи, важливо враховувати дуже багато деталей і підходити до процесу професійно і скрупульозно, інакше форма залишиться, а зміст буде втрачено.

Peer to peer — це клуб всередині клубу, міцна бізнес-родина, де люди іноді виносять на розгляд свої дуже інтимні і складні ситуації.

Більшою динамікою відрізняється ***формат стрім-груп,*** до складу яких входить п'ять-десять учасників. Це люди, яким цікава якась конкретна тема або практика і які хочуть глибше в неї зануритися, щоб набути певних навичок і компетенцій. Такі групи мають постійний склад і формуються на довгостроковій основі. В них обов'язково присутній ментор/експерт/модератор, який також є членом команди, але водночас керує процесом комунікації і цілком за нього відповідає. Наприклад, в CEO Club існує кілька філософських стрім-груп, і в кожну з них інтегровано одного з кращих філософів країни в якості ментора, наставника або модератора. Його завдання — готувати матеріали і допомагати групі розбиратися з філософськими концептами. При цьому все організовано так, що 80 % часу учасники спілкуються між собою, а ментор допомагає контакту відбутися й у подальшому лише підтримує бесіду в потрібному руслі. У чому цінність вказаного формату? Працюючи в такому режимі комунікації з постійною групою та з кращим ментором-наставником, людина може дуже глибоко зануритися в тему і через таке занурення якісно себе трансформувати. Формат звичних лекцій ніколи не дасть такого результату. Говорячи про ефективне особистісне зростання, я завжди згадую, як свого часу познайомився з філософією стоїків. Я прочитав кілька книжок про стоїцизм, був дуже вражений і вирішив, що ключові ідеї, принципи і практики цієї філософії мають стати частиною мого світогляду й життя. Але я усвідомлював: для того, щоб так сталося, одного лише читання (навіть багатьох книжок) абсолютно недостатньо. Потрібно, щоб у нашому мозку сформувалися нові нейронні зв'язки, і краще за все цього можна досягти зануренням у середовище і постійними практиками. Тоді я вирішив зібрати кількох людей, яким близька ця філософія. Після цього ми знайшли одного з кращих філософів у країні по даній темі й організували стрім-групу на постійній основі. Група існує більше року, і щоп'ятниці ми зустрічаємось на три години і занурюємось у філософські ідеї і концепти. Упевнено можу сказати, що це один з найяскравіших і найефективніших досвідів з моєї власної трансформації. Я абсолютно переконаний:

якщо людина хоче суттєво змінитися, їй доведеться змінювати і свої ключові життєві установки. Зрозуміло, такі трансформації не можуть статися за тиждень або за місяць, навіть якщо ви дуже багато читаєте і постійно замислюєтесь над прочитаним. Час, якісне занурення і сприятливе середовище — ось три ключових елементи, про які необхідно подбати тим, хто справді хоче себе змінити, причому це однаково стосується як особистісних трансформацій, так і здобуття нових знань і компетенцій.

Формат міні-клубів — це ще один важливий інструмент, який дає можливість заглиблюватися в певну тему й активно залучати до процесу членів клубу. Для цього щомісяця обирається одна конкретна тема, наприклад інвестиції і все, що з ними пов'язано, або інновації, або стратегії, або якась інша. Відмінність цього формату від попередніх у тому, що він доступний для всіх членів клубу. Склад людей може змінюватися, але, як показує практика, зазвичай зустрічі проходять у співвідношенні 70:30, де більша цифра — це відсоток постійних учасників. За рахунок цього члени клубу отримують можливість відвідувати кілька груп, спілкуючись з іншими у різних дискусіях. Єдине обмеження таких міні-клубів — кількісне: у ньому одночасно можуть брати участь не більше двадцяти учасників, щоб спілкування було конструктивним і не поверховим.

Особливість таких зустрічей в тому, що час спілкування чітко поділений на дві частини: 50 % віддають запрошеним експертам (зазвичай це дві-три людини), а ще 50 % відводять на експертизу і дискусію безпосередньо членів клубу. До речі, найчастіше цей процес не обмежується однією лише дискусією, а має і практичний вектор: крім теоретичного аналізу експертизи й обраних кейсів, наші міні-клуби досить часто і цілком предметно розглядають проєкти для спільного інвестування. Мені запам'яталася одна така зустріч, на якій було вирішено запустити невеликий інвестиційний фонд всередині клубу: від ідеї до її втілення минуло шість місяців, а в результаті народився невеликий клубний інвестиційний фонд на 10 мільйонів доларів з хорошою прибутковістю. Це неймовірно об'єднує і зближує, оскільки біля витоків таких проєктів завжди стоять члени клубу, які згодом і стають його інвесторами й керівниками. І це дуже якісна команда, тому що її учасники — одні з кращих професіоналів у зазначеному сегменті ринку.

Час, якісне занурення і сприятливе середовище — ось три ключових елементи, про які необхідно подбати тим, хто справді хоче себе змінити.

Формат зустрічі зі спікерами. Цим традиційним для багатьох спільнот форматом сьогодні вже нікого не здивуєш, та все одно ми залишили його у себе в портфелі подій, трохи трансформувавши. Перш за все обмежили кількість учасників дискусії до 25 осіб. Крім того, ми завжди встановлюємо ліміт на час виступу спікера — 30–45 хвилин. Обидва обмеження зумовлені тим, що ми хочемо побудувати зустріч не у формі звичайної публічної лекції, а як повноцінну дискусію з можливістю рефлексії. Оскільки члени нашого клубу — це лідери з 20-річним досвідом у бізнесі, їм теж є чим ділитися. Тому після виступу спікера ми завжди відводимо певний час на питання/відповіді та на зворотний зв'язок від наших учасників. Так, спікер задає контекст спілкування, а подальша дискусія відбувається між усіма учасниками, одним з яких стає і сам спікер.

Неможливо заперечувати той факт, що виступи старшого віце-президента зі стратегічного аналізу Strategic Forecasting Inc. (Stratfor) Роджера Бейкера, шведського економіста і дипломата Андерса Аслунда або американського філософа і політичного економіста Френсіса Фукуями — це воістину золоті хвилини нового особистого досвіду для членів клубу і можливість долучитися до знань мислителів і практиків світового рівня. Справді, мало хто без допомоги клубу може поспілкуватися з представниками світової інтелектуальної еліти такого рівня, як запрошені нами спікери.

У CEO Club за рік виступає понад 60 спікерів з різних сфер, країн та індустрій, і саме така модернізація процесу дала нам можливість зробити цей формат набагато ефективнішим.

Таким чином, створена нами система міні-форматів для спілкування учасників CEO Club дає очевидні результати як для клубу в цілому, так і для його членів. У маленьких камерних групах, де люди добре відчувають одне одного, простіше збудувати довіру, а більш багатолюдні формати дозволяють реалізувати максимум запитів (як професійних, так і особистісних) зовсім різних учасників, які отримують можливість самовиражатися й активно розвиватися шляхом обміну досвідом і знаннями.

Цей процес об'єднання — дуже живий і органічний для людей, але системний і гранично продуманий для нас, менеджменту клубу. Адже кожен із цих форматів підпорядковується всім вимогам наших підсистем, має дуже чітку технологічну основу, модерується професійними модераторами, адмініструється компетентною командою і постійно еволюціонує, розвивається й удосконалюється. Про те, що ховається за лаштунками цих подій і яким чином ми керуємо всіма процесами, я розповім у наступному розділі.

Розділ 16

МЕНЕДЖМЕНТ

Все, за що б ми не взялися, потрібно робити ґрунтовно — так, неначе ми мали б звітувати потім перед своїми вчителями.

Зенон із Кітіона

Недостатня увага або несерйозне ставлення саме до професійного менеджменту клубної організації — одна з головних стратегічних помилок і причина багатьох неуспішних ініціатив із запуску клубів або ком'юніті. Ця помилка виростає насамперед зі спотвореного сприйняття клубу його ідеологами: для них збір учасників і періодична організація заходів стають стандартним соціальним актом. Розуміючи клуб саме так, люди частіше делегують адміністрування його діяльності своєму асистенту або наймають адміністратора, завдання якого — розвивати клуб, управляти процесом комунікації всередині нього й організацією івентів. Зрозуміло, такий клуб існує лише формально, та й для самих засновників у списку пріоритетів він зазвичай стоїть після головних бізнесів і проєктів. До речі, нічого дивного в цьому немає, оскільки, з моєї точки зору, створити успішний клуб важче, ніж успішний бізнес, а отже, будувати клуб «між іншим» неможливо: високий рівень уваги до його учасників і турбота про них передбачають глибоке залучення засновника в усі процеси.

Ви, напевне, помітили, що слово «система» протягом всієї книжки я вживаю досить часто, і це не випадково. **Усе, що існує всередині клубу і становить його життя,— це дійсно багаторівнева, продумана до дрібниць і професійно відбудована система дій з управління безліччю процесів.** Саме такий невидимий «коучинг» допомагає учасникам досягати своїх цілей і розв'язувати питання, заради яких вони і прийшли в клуб: розвивати довіру і налагоджувати стосунки, удосконалювати навички співпраці і партнерства, ефективно об'єднувати свої ресурси і можливості з ресурсами й можливостями інших членів клубу, створюючи зручний комплексний інструмент для загального застосування. Зрозуміло, щоб забезпечити таке управління, потрібно мати потужний менеджмент і професійну команду.

Як і у будь-якому проєкті, команда клубу формується не відразу, а поступово, разом з його становленням. Але навіть на самому початку, коли в команді тільки пара людей (зазвичай це засновник клубу і його помічник), засновнику вкрай важливо визначитися з відповідями на кілька ключових питань:

- Які завдання стоять перед командою? Які питання їй доведеться розв'язувати?

- Які особистісні якості повинні мати люди в команді?
- Які компетенції потрібні менеджменту, щоб успішно виконувати поставлені завдання?
- Де брати таких людей і як їх розвивати?

У процесі формування команди засновник виступає як двигун, натхненник, візіонер і генеральний директор водночас, тоді як інші люди — це його помічники. Якщо з якихось причин засновник не може взяти на себе всі ці функції на етапі становлення клубу, то замість нього у ролі генерального менеджера може виступити хтось інший, але обов'язково висококомпетентний і вмотивований,— той, хто зможе стратегічно розвивати клуб, вдихати в нього необхідну енергію і реалізовувати ідеї засновника.

По мірі розвитку клубу зростатиме і кількість його членів, а отже, команда менеджменту теж буде пропорційно збільшуватись. Яка ж команда потрібна клубу, що налічує, скажімо, сто осіб, і які компетенції повинна мати? Перш за все вона повинна бути гнучкою, а всі люди в ній — взаємозамінними. Це важливо, оскільки роздутий штат неспроможний побудувати довірчі й максимально тактовні стосунки з членами клубу, необхідні для підтримки камерності атмосфери закритого й безпечного простору, заради якого, власне, ці люди сюди і прийшли. На цьому ж етапі визначаються і зони спеціалізації, де кожен учасник команди починає заглиблюватися в якусь одну сферу і закривати нагальні завдання саме там.

Ось три головних напрямки менеджменту, які потребують постійного контролю й уваги в процесі розвитку клубу: ***рекрутинг, сервіс і контент-сфера.***

Рекрутинг / Business Development

На перших етапах розвитку клуб постійно потребує припливу «свіжої крові» — нових учасників. А отже, постійне знайомство з кандидатами, поширення інформації про клуб в social media, налагодження взаємин з ключовими партнерами, які володіють ресурсами, потенційно цікавими клубу,— це велике поле роботи. І людина, що відповідає за ці процеси, має бути не «продажником», а, скоріше, акаунт-менеджером. Разом з тим вона повинна вміти будувати довгострокові відносини в форматі win-win, оскільки це першочергове завдання і для клубу, і для сфери бізнес-девелопменту.

Сервіс і внутрішня комунікація

Сто людей — це вже значна кількість, і частина команди повинна постійно відстежувати залученість і ступінь вдоволеності всіх членів клубу, а також підтримувати з ними комунікацію. Якісного менеджменту у цій зоні можна досягти двома шляхами.

Перший — розбити клуб на групи і сформувати пул менеджерів, кожен з яких буде відповідати за певну групу учасників і робити все для максимального залучення цих людей. Такий спосіб дає велику індивідуалізацію для кожного члена клубу, але роздуває кількість людей в команді й ускладнює внутрішню комунікацію.

Крім того, коли один з менеджерів з якихось причин випадає, весь процес на певний час збивається з ритму.

Другий спосіб — максимально автоматизувати й систематизувати комунікацію всередині спільноти. Для цього необхідно працювати над граничною ефективністю всіх інструментів залучення членів клубу: готувати більш цікаві зустрічі і створювати такі продукти, які самі стимулюватимуть людину до участі. Такий варіант дозволяє не роздувати штат і залишає команду гнучкою і швидкою.

Наповнення життя клубу

Ця сфера передбачає постійний пошук контенту і роботу над ним. Хтось обов'язково повинен забезпечувати появу на клубних заходах найактуальніших модераторів, спікерів і зовнішніх експертів, які допомагають формувати змістовну програму для членів клубу. Існує також великий блок роботи з підрядниками по сервісу (готелями, кейтерингом, технічними фахівцями), оскільки комфорт членів клубу — невід'ємна складова будь-якого заходу: важливо, щоб люди хотіли приїжджати на зустрічі клубу, повертатися, а для цього потрібно знаходити найкращі локації, створювати відповідну атмосферу і завжди враховувати всі деталі.

Якщо поглянути на потенційне коло завдань, що стоять перед командою, трохи пильніше, то вийде досить великий список. Спробую виокремити кілька ключових моментів.

- Знати і розуміти цілі і завдання клубу на рік, а також співвідносити їх з високим KPI і оптимізацією бюджету. Постійно тримати в фокусі довгострокове бачення і довгострокові завдання.

- Вміти проводити якісний рекрутинг.
- Розуміти нюанси роботи з членами клубу (індивідуальний підхід, всі види комунікацій).
- Організовувати заходи, зустрічі, активності для членів клубу (івенти, стрім, програми, міні-клуби).
- Управляти системою внутрішніх комунікацій у клубі (адмініструвати й модерувати всі чати, інформувати про всі активності).
- Проводити PR-активності, працювати з партнерами і зовнішніми стейкхолдерами.
- Адмініструвати й модерувати всі проєкти та ініціативи клубу.
- Підтримувати зворотний зв'язок з усіма членами клубу.
- Адмініструвати всі фінансові, юридичні і бухгалтерські процеси.
- Адмініструвати клубний дім і всі пов'язані із цим процеси (якщо свого дому немає, виконувати необхідну роботу з оренди майданчиків).
- Реагувати на запити кожного члена клубу й обробляти їх, модерувати конфлікти між членами клубу.
- Адмініструвати графіки всіх зустрічей.

Можливо, ви чули історію про те, як Річард Бренсон у перші роки існування Virgin Atlantic регулярно писав листи всім своїм співробітникам, аби розповісти про те, що нового відбувається в компанії та у її бізнесі. Це неоцінення стратегія роботи з командою. Щоб мати надійних і залучених у життя клубу людей і не роздувати штат, вкрай важливо не тільки самому чітко бачити подальше життя клубу, довгострокові і короткострокові пріоритети та виклики, а й доносити все це до команди. **Клуб — це система постійної невидимої взаємодії, і люди, які допомагають вам керувати проєктом, мають бути в курсі всіх ідей, цінностей і принципів комунікації цього маленького співтовариства.**

З досвіду CEO Club можу сказати, що кожен член команди — у першу чергу community manager, людина, яка відповідає за розвиток спільноти. Це забезпечує правильну внутрішню культуру, де всі менеджери знають, для чого виконують свою роботу, і розуміють, що їхній ключовий стейкхолдер — саме член клубу. Спеціалізація у такому випадку вторинна — в разі потреби маркетолог може організувати зустріч клубу, а менеджер, відповідальний за контакти з партнерами, повинен вміти надавати допомогу члену клубу у вирішенні його питання.

У нашій команді не раз траплялися випадки, коли люди, які приходили на дуже скромну позицію, настільки переймалися клубною культурою і ставали носієм нашої ДНК, що за досить короткий термін піднімалися у статусі дуже високо. Наприклад, один із членів команди, який зараз веде складні внутрішні проєкти і відповідає за різноманітні продукти клубу, у тому числі за логістичні й технічні питання, колись прийшов до нас на посаду офіціанта. Інший приклад: дівчина, яка прийшла на позицію секретарки-адміністраторки, через кілька місяців вже відповідала за роботу з учасниками, комунікацію з ними і їхню залученість, а тепер контролює операційну діяльність клубу.

Таке швидке зростання стає можливим у тому випадку, коли людина здатна вирішити будь-яку проблему, а також розуміє важливість внутрішньоклубних цінностей і запити учасників та співзвучна з ними своїм культурним кодом. «Люди можуть бути дуже розумними або мати необхідні навички, та якщо вони не вірять у вашу справу, то насправді вони не будуть працювати»,— сказав засновник соціальної мережі Facebook Марк Цукерберг, і я згоден з ним на сто відсотків.

Розділ 17

УПРАВЛІННЯ КОНФЛІКТАМИ

Одного разу Арістотель сказав: «Ми воюємо, щоб жити в мирі». Це сумно, але це правда. Конфлікт може бути відмінним учителем.

Джаред Лето

У будь-якому колективі людей, великому чи малому, постійно виникають конфлікти. Конфлікти — це природна складова сутності груп, вони відіграють важливу роль в комунікації і завжди впливають (як позитивно, так і негативно) на співтовариство, неминуче змінюють його. На жаль, група до конфлікту і після нього — це завжди дві різні групи. І оскільки клуб, як правило, об'єднує від 30 до 300 осіб, уникнути ситуацій протистояння не вдасться. Дбаючи про безпеку своєї спільноти, вам доведеться приділяти конфліктам особливу увагу і тримати їх під контролем, підходячи до цього питання усвідомлено.

Я переконаний, що конфлікти всередині клубу досить небезпечні. Причому для клубу вони набагато більша загроза, ніж для якоїсь іншої групи людей — чи то робочого колективу компанії, чи то спортивної команди. Чому? Обов'язковою умовою успіху клубної спільноти є атмосфера довіри і продуктивної здорової співпраці, заснована на взаємній підтримці і дуже якісній комунікації. Це те, на чому будується усяке клубне співтовариство, але водночас це досить хиткі речі. Створювати їх доводиться довго і вдумливо, руйнуються ж вони миттєво. І внутрішньоклубні конфлікти, що здатні за лічені дні підірвати довіру і знищити клубну атмосферу,— їхні головні вороги. Але якщо у вас є розуміння джерел і можливих причин клубних конфліктів, це означає, що ви вже готові запобігати їм і трансформувати їх буквально на старті.

Головних площин для виникнення конфліктів у клубах три. Перша і найглибша лінія розлому зазвичай проходить між засновниками чи керівництвом клубу. Друга — між керівництвом і клубною спільнотою, а третя, найчастіша, але не найкритичніша,— між членами клубу.

Відразу ж обмовлюся, що безліч конфліктів ***у першій горизонталі (засновник — засновник)*** виникає через недосконалість самóї клубної концепції і моделі клубу, і відповідальність за це повністю лежить на керівництві. Щоб уникнути маси непотрібних ускладнень, необхідно вже при плануванні клубу ретельно опрацювати всі можливі причини виникнення конфліктів і детально прописати правила стосунків між засновниками клубу, тому що це найбільш вірогідне джерело розладу всередині клубного співтовариства. По мірі того як клуб розвивається і стає успішнішим, починають нагадувати про себе марнославство й амбіції пасивних чи активних засновників. Іноді вони бажають сильніше впливати на те, що відбувається всередині спільноти, претендуючи на більш значні статус і повноваження, але така боротьба за владу всередині організації може стати причиною її краху. До речі, поле битви може розгорнутися не тільки на рівні засновників, а й на інших ієрархічних рівнях. Проте ліки від цього лише одні: на самому початку дуже чітко прописати всі правила взаємодії і продумано спланувати організаційну структуру — так, щоб вона повністю виключала можливість боротьби за владу всередині клубу або робила її абсолютно безперспективною. На жаль, я бачив спільноти, які існували довго й успішно, аж поки не були знищені внутрішньою боротьбою за владу.

Друга площина виникнення конфліктів всередині спільноти — ***вертикальна: між засновником (керівництвом) клубу та учасниками.*** Керівник клубу (засновник або президент) спершу має високий статус і непохитний авторитет серед членів спільноти, але якщо він втрачає довіру, то перманентні й системні клубні конфлікти стають неминучими, що також може закінчитися розвалом організації або зміщенням керівника з його позиції. Тому важливо, щоб дії керівництва завжди відповідали заявленим клубним цінностям. Усі прийняті рішення мають бути справедливими і не повинні допускати використання спільноти у своїх власних інтересах. Люди завжди відчувають такі нюанси і неминуче відреагують недовірою до керівника, а виправити подібні помилки (які, природно, трапляються у будь-якої людини) можна тільки за рахунок його заміни. Мабуть, це єдиний спосіб врятувати клуб у такій ситуації, оскільки керівник, який відверто визнає свої помилки, може зберегти і навіть зміцнити довіру учасників до клубу. Проте застрахуватися від подібних ситуацій найкраще за допомогою правильно підібраного борду (ради клуба). Така модель управління спільнотою здається мені найбільш здоровою, адже вона дозволяє уникнути багатьох непотрібних ризиків і конфліктів ще на етапі становлення клубу.

І нарешті, ***третя, перманентна площина конфліктів у клубі — між його членами.*** Ці конфлікти, мабуть, трапляються найчастіше. Вони не такі небезпечні, як означені вище, але лише за умови, що їх вчасно виявлять і швидко й справедливо нейтралізують. Як правило, таких протистоянь — три: конфлікти у бізнесі (вони спалахують за межами клубу, але продовжуються і всередині нього); конфлікти на ідеологічній, релігійній, політичній і в цілому світоглядній основі; конфлікти у сфері етики і людських взаємин.

Безліч такого роду протистоянь виникає через розмиту й непродуману концепцію членства, а також через слабку клубну культуру всередині спільноти. Раніше я зауважував, що для формування здорового клубу дуже важливо чітко прописувати критерії, у першу чергу — ціннісні й репутаційні. Чим більше цінностей, що їх поділяють усі члени клубу, тим менше непорозумінь всередині нього. А грамотно прописаний кодекс етики визначає, яка поведінка у колективі є прийнятною, а яка — неприпустимою. У кодексі також прописано всі головні процедури: як люди приєднуються до клубу, які права й можливості мають, як відбувається комунікація всередині нього і як вирішуються конфліктні ситуації. При цьому внутрішній кодекс етики завжди містить у собі hard-частину (набір принципів і цінностей, які є непорушними) і soft-частину (набір правил, які регулюють різні аспекти життя спільноти і можуть змінюватися, вдосконалюватися й оновлюватися), і чим детальніше все буде прописано, тим меншим буде поле для потенційних конфліктів. Головне — зробити так, щоб усі ці правила і принципи працювали в житті, а не залишалися на папері.

Розуміння джерел і можливих причин клубних конфліктів дає можливість запобігати їм і трансформувати їх буквально на старті.

Та ось, нарешті, всі вже знають, як поводитись у клубі, і система цінностей спільноти фактично стає головним «протипожежним» засобом щодо конфліктів. Але навіть при такому підході вам знадобляться додаткові регулярні превентивні заходи. У CEO Club, наприклад, існує продумана система своєчасної детекції імовірних конфліктів, яку ми формували, спираючись на десятирічний досвід і роботу з різними інструментами. Проте, як показала практика, вони не завжди забезпечують потрібний результат. Наприклад, анонімні і прямі опитування членів клубу, всупереч нашим очікуванням, виявилися не дуже ефективними. Експериментуючи з різними підходами і тактиками, ми практичним шляхом дійшли розуміння, що існують лише ***три превентивних інструменти, які є найбільш ефективними, коли виникає потреба запобігти конфліктам всередині клубної спільноти.***

Перший системний інструмент — це ***правило «постійного зворотного зв'язку»,*** прописане для всіх учасників на рівні філософії нашого клубу. Воно згадується в усіх документах, і є навіть вступна відеоінструкція для «новобранців», у якій ми акцентуємо увагу на зворотному зв'язку як на дуже важливому внеску кожного члена клубу в його розвиток. Правило «постійного зворотного зв'язку» супроводжує кожного учасника буквально на всіх етапах: в процесі ініціації та інтеграції людини у клуб, на більшості зустрічей у міні-групах, під час виступів перед великою аудиторією. Ми постійно озвучуємо цей принцип і підкреслюємо, що дуже цінуємо зворотний зв'язок і вдячні кожному, хто дає його з будь-якого аспекту діяльності клубу, у тому числі щодо можливого зародження конфліктів та антипатій між людьми. Зробивши принцип постійного надходження зворотного зв'язку від членів клубу провідним правилом для менеджменту й організаторів, ви тим самим активуєте колосальну внутрішню силу для постійної еволюції і розвитку здорової спільноти. А своєчасний зворотний зв'язок дозволяє швидко реагувати на конфліктну ситуацію і коригувати її «на злеті», щоб справа не дійшла до більш складного сценарію.

Другий дуже дієвий і важливий інструмент — ***отримання інформації шляхом зворотного зв'язку від***

найлояльніших і найдосвідченіших учасників, які дійсно живуть клубом і більше за інших цінують свою присутність у ньому. Таких людей, від яких ми цілеспрямовано й постійно отримуємо зворотний зв'язок, близько тридцяти. Вони входять до складу різних груп і здатні швидко побачити й відчути те, на що не завжди може звернути увагу керівництво клубу.

І нарешті, третій корисний інструмент управління конфліктами — це ***єдиний файл, у якому ми фіксуємо інформацію про можливі ризики виникнення протистоянь у клубі,*** починаючи з прізвищ окремих учасників, здатних провокувати зіткнення, і закінчуючи даними про системні протиріччя або напружені стосунки між певними людьми. Ми переконані, що всі такі ситуації рано чи пізно призводять до великого конфлікту всередині спільноти. По суті це наша система раннього реагування, оскільки методичний збір такої інформації завжди дає повну картину поля конфліктів всередині клубу, а отже, дозволяє багато що попередити або звести нанівець ще на початковому етапі.

З одного боку, регулярне й усвідомлене застосування цих інструментів дає нам можливість отримувати ідеї та інсайти стосовно розвитку спільноти, а з іншого — реалізує миттєвий зворотний зв'язок у випадку появи невдоволення між учасниками або якогось некоректного аспекту діяльності клубу, дозволяючи швидко коригувати ситуацію і навіть виявляти і брати на облік деструктивних людей, які регулярно стають джерелом конфліктів.

Та як бути у тому випадку, коли ви продумали і зробили все необхідне, а уникнути конфлікту все ж не змогли?

Перше правило: не зволікати з діями і реагувати на ситуацію негайно. З власного досвіду знаю: чим раніше вдасться виявити конфлікт, тим вищою буде імовірність, що ви встигнете його загасити до того, як він вплине на клубну атмосферу.

Друге правило: будь-який конфлікт необхідно відразу ж локалізувати. Так ви не дасте йому розростися всередині клубу і втягнути у протистояння ще більшу кількість людей.

Третє правило: у разі виникнення конфлікту менеджмент клубу може дотримуватися тільки нейтралітету і не приставати на бік одного з учасників суперечки — незалежно від стажу членства, особистих симпатій і ще чогось іншого. Принцип нейтральності дуже важливий, і ми завжди неухильно його дотримуємось.

Четверте правило: нічого не пускати на самоплив. Ми завжди розбираємо всі конфлікти всебічно й глибоко, щоб відшукати істину й нівелювати будь-яке протистояння. Ми багато спілкуємось як з прямими учасниками конфлікту, так і з тими, хто став ними опосередковано і може повідомити про ситуацію якусь додаткову інформацію.

Але коли ситуація непроста і нам не вдається однозначно з'ясувати, хто правий, а хто ні, ми виносимо цей кейс на розгляд борду клубу, щоб прийняти колективне рішення, більш зважене й мудре. Зрозуміло, воно не завжди сподобається обом сторонам конфлікту, але воно гарантовано буде справедливим, особливо якщо йдеться про санкції, що іноді застосовуються до якоїсь зі сторін. Якщо з'ясується, що хтось з учасників порушив кодекс етики, його можуть виключити з клубу (принаймні цій людині запропонують полишити його на певний час, поки не будуть виявлені всі обставини конфлікту і не знайдуть прийнятного виходу із ситуації).

На жаль, іноді доводиться приймати неприємні ухвали про виключення з клубу. Щиро вважаю, що така можливість є важливою для формування живої і здорової спільноти. І оскільки кожен учасник — це клітина єдиного організму, хворі клітини краще видаляти одразу, щоб не ставити під загрозу весь організм. Своєчасне видалення токсичних людей і тих, хто порушує правила і не поділяє ваші цінності,— це, з одного боку, можливість більш ефективно управляти розвитком здорового клубного співтовариства, а з іншого — пряма вказівка на престиж вашої організації. Члени клубу мусять знати: пройдений ними довгий шлях всередину спільноти зовсім не означає, що вони залишаться в ній назавжди, і не повинні забувати, що такому селективному середовищу потрібно відповідати постійно.

Отримуючи зворотний зв'язок від членів клубу, ви тим самим активуєте колосальну внутрішню силу для постійної еволюції і розвитку здорової спільноти.

Стосовно питання виключення з клубу вкрай важливо, щоб про таку ймовірність усі знали і пам'ятали. Необхідно детально і гранично зрозуміло прописати процедуру виключення і донести до відома всіх учасників на ранніх етапах їхнього членства. Те саме стосується і певних маркерів у поведінці, які є неприйнятними для вашої спільноти і можуть стати приводом для виключення з клубу.

Ось кілька таких маркерів, які, згідно з нашими уявленнями про клубну атмосферу, вносять дисгармонію і роблять середовище токсичним:

- неповага — до інших;
- порушення особистого простору;
- надмірна наполегливість і настирливість;
- відсутність почуття такту;
- схильність обговорювати людей позаочі;
- поширення чуток;
- невдячність за надану допомогу;
- утилітарне і прагматичне використання інших людей.

Це тонкі моменти в комунікації, але інші завжди їх дуже сильно відчувають, і проявляються такі негаразди шляхом накопичувального ефекту, коли члени клубу все частіше з різних приводів скаржаться на конкретну людину.

Ще одна підстава для виключення — використання бренду клубу кимось із учасників у своїх власних цілях (коли людина від імені клубу робить щось неетичне або те, що суперечить нашим цінностям і правилам).

Коли таке трапляється, ми можемо провести з людиною профілактичну бесіду. Якщо це не допомагає, виносимо питання про виключення на розгляд борду клубу. Кожен з таких кейсів вимагає дуже уважного і незаангажованого розгляду, і рішення про виключення завжди приймається колективно. У різних клубах це відбувається по-різному: десь подібні питання розглядають на етичному комітеті або комітеті з членства; десь їх розв'язують шляхом голосування більшості учасників; у нашому ж клубі такі рішення ухвалює борд.

Позбавлення членства у клубі — це завжди дуже болісний і неприємний процес, який вимагає максимально коректних дій. Тільки в надзвичайних ситуаціях доцільно виключати когось публічно, для науки іншим, зазвичай же краще прощатися без зайвого шуму, непомітно для решти. Такий підхід дає людині можливість зберегти обличчя, не руйнує остаточно її імідж у бізнес-просторі і не створює додаткових приводів для негативних розмов всередині спільноти.

Мені здається, що вкрай важливо приділити кожному конфлікту максимум уваги, щоб детально в ньому розібратися, визначити причини виникнення й оцінити наслідки, серйозно проаналізувати ситуацію і зробити висновки на майбутнє. Систематизуючи інформацію, ми отримуємо дуже реалістичну картину всього поля всередині клубу і завжди маємо можливість грамотно керувати навіть вкрай складними ситуаціями. Саме такий підхід в управлінні конфліктами дає нам змогу зберігати клубну атмосферу і багато років утримувати разом дуже яскравих і непростих людей в єдиному сильному клубі.

Розділ 18

СТЕЙКХОЛДЕРИ

Щоб створити результативну організацію, потрібно замінити владу відповідальністю.

Пітер Друкер

У кожному клубі обов'язково є свої стейкхолдери. Це ключові структурні одиниці організації. Розуміючи потреби і внутрішні процеси життя клубу, я б виділив три основні групи людей, які впливають або можуть суттєво впливати на клуб: це його засновники, члени і менеджмент. Між ними може бути багато інших конструкцій, від борду клубу і міні-клубів до всіляких комітетів, та все ж ця трійка — ключові групи стейкхолдерів, і від того, як побудовані стосунки між ними, значною мірою залежить, яким вийде клуб і як складеться його життя. На прикладі CEO Club я хочу детально розповісти про ці групи і показати, у яких саме процесах можна побачити їхню взаємодію.

Засновники клубу

Розглядаючи цю категорію людей, важливо розуміти: серед них є ті, що хочуть активно розвивати клуб, і ті, що готові частково брати участь у цьому процесі. І серед засновників обов'язково має бути нерівність в розподілі статусу й відповідальності, інакше ми отримаємо мінне поле з перманентними конфліктами і безліччю проблем у перспективі. Коли клуб стає успішним, виникає ризик того, що між засновниками може початися боротьба за більший вплив або статус всередині спільноти. Щоб цього уникнути, засновники повинні розрізняти поняття «бізнес» і «клуб». З погляду статусу і впливу це абсолютно різні можливості, і клуб тут має потужну перевагу через свою унікальність. Очевидно, що бізнес — це перш за все про гроші, і є багато різних способів заробити, тоді як клуб — це більше про престиж і статус, про людей і певну культуру. Роль засновника або президента успішного ділового клубу країни чи міста дає зовсім інші можливості і вплив, вирізняє цю людину серед багатьох інших бізнесменів. І важливо вже на ранніх етапах роботи над клубом зважати на такі відмінності: це дозволить засновникам не зруйнувати клуб і не зіпсувати стосунки у внутрішній боротьбі за владу у подальшому.

Роль засновника клубу завжди провідна, оскільки клуб має його обличчя. Це завжди дзеркало амбіцій, цінностей, інтелекту та енергії його творця. Завдяки його баченню, філософії та енергії клуб зароджується, будується і розвивається. Саме засновники закладають ціннісний фундамент даної спільноти — цілісність, готовність до співпраці й атмосферу довіри. І все ж пізніше, коли клуб стане успішним і великим, роль засновника може бути переглянута, оскільки високий статус організації вимагає більш відповідального управління. У цей момент буде правильним розділити з іншими відповідальність за прийняття важливих рішень і створити, наприклад, раду клубу (борд). Ключова роль такого органу може бути якою завгодно — від різноманітної допомоги спільноті в розвитку до впливу на рішення з ключових питань. Роль, функціонал і значення такого органу в різних спільнотах можуть суттєво відрізнятися. Наприклад, є борди, які створюються тільки для статусу, приємної зовнішньої картинки і щоб додати спільноті ваги. Є борди, які зобов'язані приймати всі стратегічні рішення: затверджувати бюджети, звіти, річні плани, майбутню стратегію, нових членів і так далі. Є борди, які відіграють роль консультативної ради при клубі або співтоваристві, лише частково допомагаючи засновникам і менеджменту своїми рекомендаціями та ідеями. Досвід CEO Club у цьому питанні був різним: спочатку ми мали борд для статусу, потім він виконував функцію консультативної ради, а зараз наділений певними повноваженнями і бере участь в ухваленні найважливіших рішень. Наприклад, такі питання, як виключення членів клубу, я вважаю дуже серйозними, і тут без допомоги ради не обійтися. Ці три ролі борду — статус, експертиза та участь в ухваленні рішень — збігаються вкрай рідко, це велике везіння. Нам, на жаль, поки не вдалося поєднати всі ці функції в одній раді, тож зараз я зосереджений на тому, щоб підтримувати найефективніший борд з усіх можливих — той, який формується з найбільш залучених членів клубу, готових по-справжньому інвестувати свій час та зусилля в розвиток нашої спільноти. Це дозволяє досягти двох позитивних ефектів: зростають залученість і відповідальність членів борду і мінімізуються ризики прийняття неправильних рішень.

Менеджмент

Неможливо недооцінити роль менеджменту у будь-якому проєкті, і навіть найкращий і найвигідніший бізнес через недолуге керівництво може не отримати прибутку або й зовсім втратити ресурси. Але якщо в бізнесі поганого топ-менеджера нескладно замінити і виправити помилки, то в клубі, де комунікація тонка і де кожна деталь має значення, такий крок може обернутися втратою репутації і довіри — головного клубного капіталу, тому непрофесійний менеджмент тут часом виявляється фатальною помилкою. Невміння спілкуватися на належному рівні з членами клубу, нерозуміння їхніх ключових мотивацій; організація заходів, які не відповідають запитам спільноти; ухвалення рішень про співпрацю з недоречними партнерами; неспроможність об'єднати людей і створити територію довіри всередині клубу; нездатність зрозуміти рівень проблем і тем, обговорюваних членами спільноти; шаблонні поведінка й мислення в нестандартних ситуаціях — ось далеко не повний список того, що може

Найефективніший борд з усіх можливих — той, який формується з найбільш залучених членів клубу.

зруйнувати атмосферу всередині клубу, і за всі ці питання відповідає менеджмент. Тому для створення і розвитку успішного клубу критично важливо наймати професійних керівників. До речі, саме наймати, з повноцінним контрактом, оскільки специфіка управління клубом виключає присутність у менеджменті людей на волонтерських засадах і тим більше власників клубу.

Члени клубу

Члени клубу теж відіграють дуже важливу роль. Вони самі безпосередньо зацікавлені у співпраці з менеджментом, оскільки приходять у клуб, щоб розвиватися, зростати і, у свою чергу, теж приносити користь. Багато хто з них із задоволенням бере на себе цілком конкретні зобов'язання з внутрішньої роботи клубу, тому що це надає додаткового статусу всередині спільноти.

Але існує дуже тонка і важлива межа, яку часто порушують клуби, делегуючи своїм членам занадто багато відповідальності. Брати участь у певній кількості обов'язкових заходів, залучати нових членів, спонсорів чи спікерів, відповідати за розвиток нових напрямків або окремих проєктів всередині клубу — усе це досить сумнівний і ризикований намір, бо ви не зможете вимагати від учасників, щоб вони виконували цю роботу на високому рівні, з якісними результатами і вчасно. Давайте простіше: ***ви не можете вимагати.*** А якщо почнете — неминуче отримаєте протидію і конфлікт. Члени вашого клубу — дуже зайняті люди, у них своє життя, свій бізнес, сім'я і хобі, і клуб для них — не пріоритет номер один. Тому вони спочатку з легкістю беруть на себе зобов'язання, а потім не менш легко їх не виконують або виконують абсолютно формально. Так відбувається зовсім не тому, що ці люди безвідповідальні, а тому, що через велике власне навантаження вони можуть елементарно не встигнути.

Я на практиці переконався в недієздатності такої моделі взаємодії досить давно. Один з дуже успішних міжнародних клубів тоді відкрив в Україні філію, а я працював у ній виконавчим директором. У моделі означеного клубу вже від початку було закладено те, що за розвиток повністю відповідають самі його члени. Для цього з їх числа щорічно обиралася команда — п'ять-шість людей, між якими розподіляли зобов'язання і завдання з розвитку клубу. Спостерігаючи за такою моделлю, я чітко розумів, що вона абсолютно не робоча з названих вище причин, тому **все, що стосується ключових напрямків розвитку, які вимагають виконання певної роботи й підтримки системного прогресу, членам клубу делегувати не можна: це завдання професійного менеджменту.**

Ідеальні функції для членів клубу — творчі, такі, що ростуть з креативу і комунікації. Учасників можна і потрібно залучати до процесу розвитку клубу: довіряти їм генерування яскравих ідей і допомагати із втіленням, запрошувати в комітети, борди та проєкти, заохочувати рекрутинг нових членів — але за реалізацією всього цього може стояти тільки команда, професійна й відповідальна. Іншими словами, ми не ігноруємо бажання наших учасників допомогти, але і не даємо завдань і не накладаємо на них жодних зобов'язань.

Таким чином, клуб системно розвивається в заданому напрямку, і за це відповідає менеджмент, а учасники можуть додатково проявляти себе й не відчувати провину через невиконані зобов'язання, оскільки менеджмент клубу в разі потреби підстрахує їх і доведе заплановану роботу до кінця.

Та все ж деякі важелі впливу на клуб потрібно залишити учасникам. Це дасть їм відчуття причетності, спроможності і власної значущості. Для цього ми побудували процеси всередині клубу так, що чуємо кожен голос і неодмінно враховуємо кожен меседж. Ми регулярно збираємо шляхом зворотного зв'язку від членів клубу інформацію з усіх аспектів розвитку нашої спільноти, організовуючи комунікацію на всіх рівнях:

- регулярне анонімне анкетування;
- індивідуальне спілкування з кожним членом клубу з усіх внутрішньоклубних процесів;
- моніторинг залученості і задоволеності по кожній події (а їх понад 60 на місяць) з подальшим аналізом і виправленням системних помилок;
- моніторинг регулярності відвідування клубу і мотивації участі;
- моніторинг емоційної обстановки всередині клубу за рахунок регулярної участі менеджменту і власників у глибинних форматах спільноти.

Таким чином, учасники мають можливість впливати на все, що відбувається у клубі, отримуючи професійну підтримку команди менеджменту, яка, у свою чергу, є носієм філософії і цінностей того, хто цей клуб задумував і створював.

Розділ 19

ФІНАНСОВА МОДЕЛЬ

Щоб створювати прекрасне, потрібно мати міцну фінансову підтримку.

Сиріл Норткот Паркінсон

Для клубу питання вибору фінансової системи й економічної моделі не менш важливе, ніж для будь-якого бізнесу, і від того, на якому варіанті ви зупинитесь, безпосередньо залежатиме і розвиток вашої спільноти, і її успіх. Як і в усіх інших проєктах, гроші тут — ресурс для розвитку. Не помилюся, якщо скажу, що яке завгодно ком'юніті можна відкрити і без грошових інвестицій, але **якщо ваш клуб — це «гра в довгу», йому потрібні гроші.** Від них залежить потенціал клубу, динаміка його розвитку і якісний стабільний стан. Фінансових потреб у хорошої спільноти не так вже й багато, але всі вони мають бути враховані. Список обов'язкових пунктів, що вимагають витрат, виглядатиме приблизно так:

- заходи для членів клубу (оренда приміщень, гонорари спікерам, кейтеринг, придбання або оренда техніки);

- розвиток (розробка нових програм і форматів взаємодії членів клубу із залученням сторонніх ресурсів та експертів; регулярне проведення стратегічних сесій, присвячених новим етапам розвитку клубу, де з'являються нові ідеї і формати, розробляються стратегії і сервіси щодо їхнього забезпечення); дуже важливо, щоб ця частина фінансувалася стабільно;
- участь у публічних і статусних сторонніх ініціативах та проєктах, які корелюють з місією і цілями клубу (наприклад, Всесвітній економічний форум у Давосі в 2020 році, де клуб виступав спонсором присвяченої Україні дискусійної панелі з міжнародними спікерами; спільні публічні проєкти з іншими статусними партнерами і взаємодія з державою в питанні розробки економічних реформ);
- заробітна плата, бонуси і розвиток менеджменту (професійні тренінги й навчальні програми); різні операційні витрати;
- маркетинг, соцмережі, веб-сайт;
- витрати на утримання клубного дому (якщо він є).

Існують клуби і з іншими пріоритетами у фінансовому плануванні. Наприклад, у деяких співтовариствах, орієнтованих на швидке зростання за рахунок залучення нових членів, дуже багато грошей з'їдають піар і реклама.

У нашому ж випадку левова частка бюджету йде на утримання клубного дому, оскільки ми безпосередньо пов'язуємо це з ідентичністю і підтримкою необхідної атмосфери. І такі витрати окупаються у стократ.

Якщо проаналізувати канали наповнення клубного бюджету, можна виокремити дві ключові і кілька додаткових статей доходу. Ключовими каналами є, звичайно ж, членські внески і партнерські стосунки. Вони забезпечують стабільність бюджету, а продаж розроблених всередині клубу унікальних освітніх програм стане допоміжним фінансовим ресурсом.

Побачити, як це працює, можна на прикладі CEO Club.

Членські внески становлять приблизно 90 % від усіх надходжень до нашого бюджету, і багато в чому це забезпечує наш стабільний успіх: для розвитку клубу потрібні постійні грошові надходження. Крім того, **регулярна сплата членських внесків — дуже точний маркер залученості і найефективніший зворотний зв'язок, який іде менеджменту клубу від учасників.** Це KPI. Якщо члени клубу охоче і вчасно сплачують членські внески, це означає, що вони всім задоволені і клуб виконує свою функцію на 100 %.

Звичайно, є багато інших прикладів, коли клубні членські внески взагалі відсутні або чисто символічні. Але жоден із цих клубів не можна вважати досить успішним, а деякі і зовсім перестають існувати, що прямо вказує на неспроможність такої економічної моделі.

Щоб визначити розмір членського внеску для нового клубу, можна застосувати кілька підходів. Наприклад, проаналізувати членські внески в інших клубах, зробити поправку на свою концепцію та аудиторію — і вивести оптимальне середнє значення. Або полічити постійні прогнозовані річні витрати клубу, додати до цього ще 20—25 % для резерву та економічної стабільності. Водночас вкрай бажано зберігати ці гроші у казні клубу недоторканними. Ну і, нарешті, досить поширений спосіб визначення розміру клубного внеску — це нічим не обґрунтована цифра, яку буквально взяли з повітря. Зазвичай такі цифри корелюють виключно з пафосом засновника клубу і дуже завищені порівняно із середніми ринковими. Така цінова політика теж має право на життя, але вона принаймні має бути прозорою, так само як і пафос потребує якогось обґрунтування,— інакше такий клуб довго не проіснує. Клуб — це стійкі цінності, і якщо їх немає на постійній основі, то він не виживе, а його засновник зазнає серйозних репутаційних втрат як у клубному середовищі, так і в бізнес-просторі. Тому, захопившись ідеєю створення «фантомного» клубу, краще двічі подумати про серйозність своїх намірів і про наслідки: адже зібрати людей набагато легше, ніж утримати.

Регулярна сплата членських внесків — дуже точний маркер залученості і найефективніший зворотний зв'язок від учасників клубу.

Періодичність сплати членських внесків кожен клуб визначає сам, якоїсь єдиної системи не існує. Скажімо, є клуби, які стягують оплату щомісяця або, наприклад, вводять довічне членство з дисконтом, якщо людина вносить кошти на п'ять-десять років вперед. Члени нашого клубу сплачують внески раз на рік, тому що, на мій погляд, річна оплата є найзручнішою з точки зору як бюджетування, так і адміністрування.

Збільшення розмірів членського внеску в процесі розвитку клубу — цілком логічний процес, який може і повинен відбуватися. На самому початку шляху CEO Club ми встановили членський внесок в розмірі двох тисяч доларів. Через три роки підняли його до трьох тисяч, ще через три роки він виріс до п'яти, і не виключено, що з часом знову побільшає.

Але такі зміни слід проводити грамотно і зі зрозумілою аргументацією. Підвищувати суму членського внеску потрібно для того, щоб посилити економічну модель клубу і забезпечити йому більш активний розвиток. Коли ви відчуєте, що клуб успішний і його учасники задоволені процесами всередині, а задекларовані вами внутрішні цінності дійсно для них актуальні, тоді збільшення розмірів членського внеску буде доречним і всі сприймуть цей факт спокійно.

Також підвищення суми членського внеску може слугувати своєрідним тестом на лояльність. Якщо з якоїсь причини окремі люди не продовжують членство, це означає, що вони недостатньо цінують клуб, не беруть регулярної участі в його житті або їхні очікування не збігаються з вектором розвитку, запропонованим вашим простором. Коли такі люди полишають клуб, не варто сприймати це як невдачу або як тривожний маркер, оскільки їхній вплив на клуб сам по собі був мінімальним через їхню пасивність. Так, з кожним підвищенням суми членського внеску в CEO Club ми втрачали в середньому 3—5% існуючих членів клубу, і це не мало жодного негативного впливу на наше подальше життя, тому що у співтоваристві залишалися по-справжньому лояльні учасники, які підживлювали нас своєю усвідомленістю і прагненням спільного розвитку.

Я багато розмірковував на тему асоційованого членства і кожного разу приймав рішення відмовитися від нього, розуміючи, що наш досвід демонструє набагато більше його мінусів, ніж плюсів.

Іноді існує ризик, що через підвищення суми членського внеску з'являться невдоволені і зросте критика. Це вказує на те, що ви помилилися з часом підвищення, а також на те, що учасники не відчувають великого задоволення від клубу й отримують менше, ніж вам здається. Такий стан речей досить небезпечний, оскільки знижувати заявлену планку буде пізно і виникне потреба виправляти ситуацію дуже креативними рішеннями, які доведеться шукати інтуїтивно і буквально на ходу.

Безплатне, або асоційоване, членство

У багатьох клубах є окрема категорія людей, які з різних причин взагалі не платять членські внески. Наприклад, клуб зацікавлений у членстві людей з дуже високим статусом, а ті погоджуються бути в ньому тільки в разі відсутності внесків. Також іноді близькі друзі засновника використовують свої з ним стосунки, щоб вступити до клубу і без оплати послуговуватися всіма його сервісами, а є люди, з якими склалися взаємовигідні бартерні домовленості у вигляді послуг. Такі члени клубу гідні уваги не менше, ніж ті, що платять свій внесок. З моменту заснування CEO Club у нас завжди було близько десятка людей, які потрапляли в означені вище категорії «бартер» або «друзі». Проте з часом стало очевидно, що такий підхід шкодить клубу і взаєминам всередині нього, рано чи пізно оголюючи подвійні стандарти. Найчастіше неприємні ситуації виникають довкола категорії «статусний член клубу». Ця категорія завдає спільноті потрійної шкоди. По-перше, адміністрація, підкреслюючи особливий статус таких учасників, демонструє неповагу до інших членів, показуючи, що є «хтось крутіший», кому дозволено бути в організації за рахунок спільноти. По-друге, «статусні члени» ніколи не сприйматимуть серйозно клуб, який прийняв їх безкоштовно, а отже, ніколи не відчуватимуть себе його частиною. По-третє, такі люди потрапляють у ваше коло, минаючи критерії відбору, які, як ви пам'ятаєте, є своєрідним фундаментом існування подібних організацій, і нехтування цими критеріями руйнує довіру, цілісність, гармонію і правильну атмосферу у клубі. Проблема статусних людей полягає також у тому, що вони перетягують на себе багато уваги, а це обмежує проголошені клубом принципи рівності. Тож, усвідомивши з часом наслідки, ми припинили цю практику, і на сьогодні в нашому клубі безплатного членства немає. Протягом усіх десяти років існування CEO Club я багато розмірковував на тему асоційованого членства, постійно аналізуючи всі його аспекти, і кожного разу приймав рішення відмовитися від нього, розуміючи, що наш досвід демонструє набагато більше мінусів такого варіанту, ніж плюсів.

Замість безплатного членства я придумав статус «друзі клубу». Це безліч хороших людей, у тому числі і наших партнерів, які, тим не менше, не є членами клубу і не мають доступу до його ключових ресурсів. У нас приблизно 200 таких друзів, серед яких — інтелектуальна і бізнес-еліта країни: люди мистецтва, дипломати, політики, підприємці, голови інших об'єднань тощо. Час від часу когось із цього списку ми можемо запросити на нашу зустріч, але всі знають, що це друг і гість, а не член клубу.

Партнери і спонсори

Це друге джерело, яке може наповнювати бюджет клубу. На самому початку своєї кар'єри, задумуючи і формуючи власні клубні проєкти, я робив велику ставку саме на спонсорські і партнерські бюджети. Якість аудиторії, яку мені вдавалося збирати в наших стінах, була настільки високою, що клуб сам по собі міг би стати відмінною платформою для продажу безлічі продуктів і послуг із зовнішнього світу: адже якщо у нас багато успішних людей, сконцентрованих в одному місці, то це дуже зручно для просування чого завгодно. Спираючись на цю логіку, на початку розвитку і становлення клубу я приділяв питанню залучення спонсорів особливу увагу: у нас було недостатньо партнерів, ми витрачали чимало зусиль на їхнє залучення, і я дуже багато робив, щоб розвинути саме цей потенціал клубу. Але поступово моє розуміння і погляд на даний аспект сформувалися остаточно, і я чітко усвідомив, що **клуб не може бути платформою для продажів або просування яких завгодно послуг, тому що така ситуація точно не сприятиме довірі і комфортній атмосфері всередині нього.**

Ключовим завданням кожного спонсора, який виділяє гроші, є продаж свого продукту, але навіть ненав'язливий продаж може бути вкрай недоречним і дратувати членів клубу, які дуже тонко відчувають, що на них намагаються впливати, і підсвідомо чинять опір. Ці люди дуже чутливі до того, як до них ставляться і як з ними поводяться, і вони ніколи не пристануть на те, що їх розглядають як банальний ресурс, а отже, означена тактика поставить під загрозу самé існування клубу.

Тому сьогодні спонсорська частина нашого бюджету — це лише 5—10 %, хоча бажаючих вступити з нами в партнерство з метою впливу на нашу аудиторію дуже багато. Упевнено можу сказати, що в цьому питанні є тільки одна правильна позиція: усі рішення стосовно присутності сторонніх партнерів і їхніх продуктів повинні ухвалюватися виключно з фокусом на клуб. **Бажання засновника заощадити або заробити гроші на клубі завжди має програвати бажанню підтримувати його унікальну атмосферу, яку так важко створити.** Жодна перспектива добре заробити не може йти врозріз із клубними цілями і завданнями, тому власник завжди повинен бути готовий відмовитися від приємного бонусу наприкінці року, якщо клуб вимагає дофінансування якихось сфер або зовнішнє партнерство може нашкодити тонкій атмосфері всередині спільноти. Іншими словами, ідея розглядати клуб як бізнес завжди неприйнятна, оскільки суперечить самій його природі.

Звісно, партнерські програми в CEO Club існують, але до взаємодії з партнерами у нас особливий підхід. Партнерами клубу можуть бути тільки самі члени клубу, бо вони беруть участь у партнерстві від першої особи. Так ми знімаємо головне протиріччя, і в наше співтовариство не потрапляють люди з чужими для нас цінностями та зі статусом, який не відповідає нашим критеріям. Ще один важливий принцип селекції полягає в тому, що ми працюємо тільки з обмеженою кількістю партнерів (не більше п'яти), і всі вони мають з нами довгострокові контракти і глибокі стосунки. Крім того, ми дуже чітко прописали правила прояву партнерства. Нав'язливі продажі всередині клубу виключені. Натомість ми раді, якщо людина просуває себе шляхом створення цінностей всередині нашої системи — наприклад, за рахунок організації якихось цікавих івентів або іншого корисного контенту.

Ідея розглядати клуб як бізнес завжди небезпечна, оскільки суперечить самій його природі.

Ми розробили дуже органічну й етичну партнерську схему, яка практично непомітна для членів клубу. Запевняю вас, якщо ви запитаєте у когось із них, хто є партнером CEO Club, то, найімовірніше, вони не зможуть одразу відповісти, оскільки це майже невидимі прояви. Отже, ми не порушуємо концепцію та атмосферу клубу. А оскільки партнерів у нас мало, ми маємо можливість продуктивно сконцентруватися на їхніх цілях. Це допомагає обом сторонам спільно досягати по-справжньому хороших результатів, бо тут працює принцип «менше, але краще».

І якщо ви чітко розумієте, що ваша ключова мета — створення успішного, здорового і цілісного клубу і що самé його існування набагато цінніше за найприбутковіші партнерські проєкти, ви будете дуже виважено й мудро підходити до роботи з партнерами і ніколи не дозволите собі перетворити ваш клуб на територію продажів.

Розділ 20

МІСЦЕ СИЛИ

Все-таки дім — не місце, а люди.

Чарльз де Лінт

Історія CEO Club складалася так, що спочатку ми не мали постійного місця для зустрічей і тому під кожен івент орендували новий майданчик, не прив'язуючись до конкретної локації і не надаючи цьому особливого значення. Ми збиралися в хороших готелях, іноді в ресторанах, а часом і в зовсім незвичайних місцях, які підбирали під ідею та атмосферу зустрічі. Іншими словами, у нас не було клубного дому, і так тривало близько шести років.

Чому? Тому що я переконаний: у створенні клубної спільноти ключовою є тільки спільнота і ніщо інше. А отже, ідея, місія, цінності й люди, яких клуб планує об'єднувати, виходять на перший план і завжди там залишаються.

Я неодноразово бачив, як спочатку люди інвестували у стіни, а потім намагалися вдихнути в них життя, і це виходило далеко не завжди. Ось чому тим, хто планує організувати клуб, я б рекомендував починати не зі стін, а з ідеї і створення живого організму довкола цієї ідеї. І якщо ідея правильна, наміри позитивні і ви вкладаєте в цей процес свою душу, то нова спільнота обов'язково виникне й успішно існуватиме і розвиватиметься навіть без клубного дому.

Проте право на життя мають обидва варіанти — і з клубним домом, і без нього, тому, обираючи з цих двох сценаріїв свій, важливо розуміти їхні відмінності й особливості. Як я вже зазначав, CEO Club починав свою діяльність з оренди приміщень під окремі івенти, спочатку визначившись із чіткими параметрами вибору локацій. Відразу було вирішено, що рівень, якість і стандарти орендованих площадок повинні відповідати стандартам клубу: якщо готелі — то тільки п'ятизіркові, якщо ресторани — то також відповідні. Атмосфера закладу дуже впливає і на самих учасників зустрічей, і на імідж клубу чи іншої спільноти. Не приховую: орендувати дорогі приміщення для нашого молодого клубу спочатку було дуже невигідно, але ми йшли на це свідомо і без вагань переплачували. Ми відразу встановили планку на максимально високому рівні і стоїчно її тримали. Якщо вже вирішили, що наш клуб повинен стати топовим у країні, то і кожен аспект нашої діяльності (у тому числі й приміщення, де проходять зустрічі) мав відповідати цьому статусу.

Втім, відсутність власного приміщення може не тільки стати причиною великих витрат, а й привнести у вашу діяльність відчутний бонус: адже, обираючи місце під той чи інший задум, ви отримуєте можливість щоразу знаходити локацію з такими розташуванням, дизайном і стилем, які найкращим чином відповідатимуть тематиці й атмосфері вашого івенту, а отже, у вас з'явиться додатковий інструмент емоційного впливу на сам захід.

Ще одним важливим плюсом відсутності клубного дому є різноманітність, яку ви привносите у діяльність спільноти: постійно відкривати учасникам нові цікаві місця — це теж свого роду мистецтво, і на цьому варто зробити особливий акцент. Свого часу CEO Club намагався першим знаходити в місті нові цікаві ресторани й організовувати там зустрічі, отримуючи тим самим відразу дві переваги. З одного боку, ми відкривали нові місця для наших учасників, а з іншого — банально економили кошти, оскільки провести захід в молодому закладі завжди дешевше, ніж у престижному й розкрученому. Власники нових ресторанів завжди зацікавлені в тому, щоб залучити клієнтів (особливо таких поважних, як члени нашого клубу), тому вони часто робили нам великі знижки, а часом навіть організовували фуршет за свій рахунок. Ще один незвичайний, але дуже вдалий формат проведення заходів, який ми практикували,— це зустрічі «на дахах». Ми шукали місця, звідки відкривається приголомшливий панорамний вид на місто, але також проводили івенти і на зовсім вже нестандартних локаціях: на паркінгах, у підвалах будинків, на промислових об'єктах, фермах, стадіонах і кіностудіях, а іноді і просто на природі.

Атмосфера закладу дуже впливає і на учасників зустрічей, і на імідж клубу чи іншого співтовариства.

Відсутність свого приміщення дає величезну перевагу щодо креативу й різноманітності локацій.

І все ж такий підхід працює лише доти, доки членів спільноти ще не дуже багато, а зустрічатися потрібно не частіше одного-двох разів на місяць. Коли ж учасників стає більше ста, виникає ряд проблем. Перша проблема — вам все складніше підбирати відповідні приміщення під таку кількість людей. Крім того, оскільки членів клубу стало набагато більше, вам необхідно збільшити і частоту зустрічей мінімум до чотирьох разів на місяць, щоб підтримувати на належному рівні клубний дух і формувати стійкі зв'язки серед такої кількості людей. Залежність пряма: чим більше людей, тим більше зустрічей ви повинні проводити, інакше клуб неминуче втрачатиме свою атмосферу, поступово перетворюючись на звичайну хаотичну тусовку. **Це закон: більше людей у спільноті — більше івентів.** Але більша кількість івентів потребує і більшої кількості грошей на оренду, якщо зважити на високий рівень закладів, які ми розглядаємо. Опинившись у такій ситуації, ми зрозуміли: прийшов час змінити підхід. Скоротити число зустрічей ми не могли, а на оренду відповідних нашим запитам приміщень для необхідної кількості заходів клубу відчутно не вистачало бюджету. Проміжним рішенням стала домовленість з кількома готелями про регулярну оренду (12—30 разів на рік), що дало нам значну економію

Відсутність істинно «свого» місця неминуче розмиває ідентичність і унікальну атмосферу клубу.

ресурсів за рахунок непоганої знижки, а також кілька інших переваг. Але це автоматично звело різноманітність використовуваних приміщень до кількох готелів, що нас не зовсім влаштовувало. Так, ми еволюціонували, але водночас чітко розуміли, що таке рішення — дуже компромісне, а отже, тимчасове.

Тоді я цілеспрямовано подумав про справжній клубний дім. На той момент ми вже створили цілком успішну спільноту: учасники відчували свою причетність, пишалися членством, їхня лояльність була високою, репутація в зовнішньому світі укріплювалася, а впізнаваність у країні зростала швидкими темпами. До нас прийшли успіх і визнання, і клубу потрібно було рухатися далі і підкоряти нові вершини. Оскільки нас ставало все більше, доводилося постійно збільшувати кількість заходів, щоб підтримувати відповідну клубну атмосферу. Бувало так, що за тиждень ми організовували кілька заходів в одному і тому самому готелі — і мимоволі починали з ним асоціюватися. Один з п'ятизіркових готелів у центрі Києва свого часу автоматично став негласною територією клубу навіть для мене самого. Я проводив там індивідуальні зустрічі, щодня обідав у його ресторанах і відвідував фітнес-клуб, тож мене там знав весь персонал. На два роки цей готель фактично став нашим клубним домом. І хоч це було досить зручно, я розумів: відсутність істинно «свого» місця неминуче розмиває нашу ідентичність і атмосферу.

Тож з якогось моменту я почав ґрунтовно розмірковувати над тим, як обзавестися нашим власним клубним домом. Я не до кінця розумів, як саме ми будемо це реалізовувати, але вже точно знав, що своє місце — свій клубний «храм» — нам потрібне і ми для цього повністю дозріли. Тут я мушу зізнатися в одній своїй особливості: якщо мене захоплює якась ідея, я починаю розповідати про неї всім і кожному. Так сталося і з мрією про клубний дім. Я розмовляв про нього з усіма і всюди, де тільки це було доречно, і дуже скоро мені зателефонував один з наших членів і запросив під'їхати до нього в центр столиці і переговорити. На мій превеликий подив, ми зустрілися на вулиці, а не в ресторані, як це було заведено. Ми стояли на тротуарі біля чотириповерхової будівлі, на яку він вказав. Людиною, що запропонувала мені співпрацю, був В'ячеслав Лисенко, який тоді якраз приєднався до клубу.

В'ячеслав сказав мені, що обмірковує покупку цієї будівлі, планує на перших поверхах зробити офіси для себе і членів своєї сім'ї, але два прекрасних верхніх поверхи просто створені для CEO Club.

Відверто кажучи, для мене це стало великою несподіванкою, оскільки з В'ячеславом ми тоді ще не були знайомі близько. Ми зайшли у приміщення, пройшлися по всіх кімнатах, і він поділився своїм баченням того, як тут все можна перебудувати й організувати саме під клуб.

Мені потрібен був час, щоб поміркувати. Будівля, старовинна і дуже гарна, стояла у чудовому місці, на мальовничому пагорбі неподалік від Печерської лаври й урядового кварталу, майже в центрі столиці. Усе, здається, складалося якнайкраще, з огляду на те, що і сам В'ячеслав мені подобався, і його життєва філософія і цінності були мені близькі.

Ми зустрілися знову — і цього разу вже почали обговорювати умови. В'ячеслав сказав, що готовий інвестувати в ремонт клубного дому свої кошти, але тільки якщо ми залишимось тут надовго і підпишемо відповідну угоду про оренду. Я взяв паузу, щоб все обдумати, бо для мене це був досить відповідальний і ризикований крок. Оренда приміщення під клубний дім, а також його функціонування й обслуговування вимагали постійних витрат, досить відчутних для бюджету порівняно молодого клубного співтовариства. Більше того, я розумів: щоб пристати на цю угоду й отримати свій клубний дім, доведеться суттєво збільшити розмір членського внеску — інших варіантів немає. Втім, вагався я недовго, оскільки внутрішньо був упевнений, що члени нашої спільноти сприймуть такі зміни спокійно. І ми вдарили по руках.

З цього моменту процес пішов неймовірними темпами. У нас було багато зустрічей, на яких ми обговорювали дизайн і концепцію оформлення приміщень у майбутньому клубному домі, щоб усе відповідало атмосфері і суті нашого співтовариства. І вже буквально через рік ми в'їхали в наш клубний дім, де і продовжуємо залишатися протягом останніх п'яти років.

Зрозуміло, відтоді багато що в клубному житті змінилося, у тому числі й динаміка розвитку нашої спільноти. Клубний дім дав нам абсолютно іншу якість клубу і нові можливості для розвитку. Ми можемо проводити заходи і клубні зустрічі настільки часто і настільки довго, наскільки нам це потрібно. Підріс і наш статус у суспільстві: організація, яка має свій будинок, автоматично набуває додаткової ваги в соціумі.

Крім того, власне місце дає членам клубу можливість знаходитись там скільки завгодно і практично з будь-якого приводу: відпочивати, працювати, з кимось зустрічатися. А ще — і це дуже важливий момент — менеджмент теж дістав можливість постійно бути поруч, у тому ж клубному домі, що підвищило рівень внутрішньої комунікації, дозволило вчасно отримувати зворотний зв'язок і буквально ***відчувати кожного.***

Організація, яка має свій будинок, автоматично набуває додаткової ваги в соціумі.

Сукупність усіх цих нововведень суттєво вплинула на кількість взаємодій та інтеграцій людей всередині клубу: значно зросли і зміцнилися довіра і партнерство серед його членів, а отже, ризик і витрати, на які ми пішли, виправдали себе повністю. І тому що досконалість не має меж, а якісні вкладення в клуб завжди дають дуже хороші дивіденди, CEO Club сьогодні, на порозі нового етапу розвитку, планує розширити не тільки сферу свого соціального впливу, а й власну географію. А оскільки ви вже знаєте про мою звичку ділитися своїми ідеями практично з усіма, зараз буде цілком доречно розповісти про те, що тепер я сконцентрований на ідеї організувати для CEO Club ще один будинок — заміський — і, можливо, розширити простір нашого існуючого клубного дому або переїхати в новий у межах міста.

Розділ 21

АЙДЕНТИКА

Символ — це не образ, це сама множинність смислів.

Ролан Барт

Отже, наявність власного клубного дому відчутно посилює ідентичність членів клубу і їхню причетність одне до одного і до спільноти. Але клубний дім — не єдиний інструмент, що дозволяє підкреслити єдність учасників. Із завданням ідентифікації, як і раніше, відмінно справляються і символи, які є знаком приналежності людей до якоїсь особливої групи. З давніх-давен символ був і залишається найбільш простим, зрозумілим і швидким способом висловити якусь думку чи ідею. Знаки й символи, що зустрічаються на стінах печер стародавніх людей, стали прабатьками сучасної писемної комунікації і назавжди увійшли в наше життя. Символічна «мова» насправді дуже глибоко прописана в нашій підсвідомості і впливає на нас: не секрет, що більшу частину інформації з навколишнього світу ми, як і раніше, зчитуємо підсвідомо, і мова символів набагато простіша для сприйняття, ніж писемне мовлення. Цим пояснюється той факт, що рекламна індустрія активно використовує у своїх цілях символіку для ідентифікації і запам'ятовування продукту. Айдентика є обов'язковою частиною роботи над брендом клубу: вона не тільки робить його впізнаваним, а й посилює його цінність і зміцнює цілісність. Саме тому айдентика вашого клубу не може бути «вільним стилем» візуального подання його як бренду, оскільки в неї потрібно «зашити» дуже багато: від ідеї і смислів до конкретних меседжів, які ця група транслює у зовнішній світ. Айдентика — це завжди цілком конкретне повідомлення, навіть якщо воно не містить слів. Більше того, вона впливає не тільки на тих, хто вперше бачить ваш логотип у будь-якій проєкції, а й на самих членів клубу, підкреслюючи єдність вашої «зграї» і нагадуючи, для чого було організовано цю спільноту. Іншими словами, символи і знаки вашого клубу на будь-якому носії значно посилюють ідентифікацію — як внутрішню, так і зовнішню. **Логотип клубу і весь наступний брендбук у певній продуманій колірній гамі стає вашою головною візиткою, яка завжди буде йти попереду вас.**

Зізна́юся, коли в 2011 році створювався CEO Club, у мене не було такого глибокого розуміння символів і атрибутів, тому розробка логотипа здавалася мені майже формальністю. Я прийшов в агентство, розповів про ідею клубу і попросив придумати логотип, який би відповідав суті нашої спільноти. Першу ж ідею, яку запропонував фахівець, ми прийняли і затвердили практично без жодного зауваження. Усе сталося дуже швидко й невигадливо. Перший логотип CEO Club виглядав так:

Я вважав, що він відповідає нашому задуму ідеально: лаврові гілки у вигляді чаші символізували процедуру тріумфу. Сучасне значення слова «тріумф» вказує на гучний успіх, і нам це підходило якнайкраще. Але також нас цілком влаштовувала і початкова історична семантика слова, коли тріумфом називали пишне вітання переможців у Стародавньому Римі. Тріумф (хода на честь великої перемоги) став важливою римською традицією, ритуалом, до якого готувалися і якому приділяли особливу увагу. Учасники тріумфу збиралися рано-вранці на Марсовому полі, щоб зустріти тріумфатора з усіма почестями. Останній з'являвся в оточенні багатьох наближених осіб, які несли трофеї, і повільно їхав на позолоченій колісниці, у пурпуровій тозі, прикрашеній золотими пальмовими гілками. В руках тріумфатор тримав лаврові гілки, а на голову надягав лавровий вінок — символи великого успіху і значних перемог. Так римляни прославляли видатних полководців і воїнів, бажаючи підкреслити високий статус цих людей і важливість їхніх діянь для держави. Нам асоціація з римським тріумфом дуже імпонувала, оскільки ми відбирали у свій клуб кращих із кращих, і в моїй уяві логотип з літерами CEO, розташованими всередині лаврового вінка, дуже доступно повідомляв світові про те, що ми об'єднуємо найсильніших і найуспішніших.

Але минуло кілька років — і я почав розуміти, що наш клуб усе-таки про інше і логотип не відповідає тому, чим ми живемо і чого насправді прагнемо. Я чітко побачив у його першій версії абсолютно чуже мені марнославство і звеличення его, до того ж він відсилав у минуле, а клуб був спрямований у майбутнє. І ми вирішили змінити логотип, підійшовши до питання більш усвідомлено. Ми зустрілися з представниками одного з кращих креативних агентств у країні, Tabasco, попросили створити нам новий логотип з урахуванням реальної суті і місії клубу і до того ж самі взяли участь в розробці. Трохи згодом Tabasco запропонувало варіант, який сподобався мені буквально з першого погляду — настільки було очевидно, що це саме те, що нам потрібно. Цей логотип залишається нашим і нині, хоча з моменту його розробки пройшло кілька років. Він виглядає так:

CEO CLUB UKRAINE

Новий логотип клубу вийшов досить простим, але водночас він наповнений глибоким змістом і тепер більше апелює до майбутнього, а не до минулого. До того ж агентству вдалося обіграти великі літери нашої назви — CEO — й інтегрувати їх у горизонтальну вісімку, символ нескінченності. Для нас це був дуже важливий момент, оскільки знак нескінченності — особливий: він має давнє походження і означає вічність як циклічність буття, незліченність, невичерпність і достаток, а також постійний духовний розвиток з метою пізнання світу. У широкий вжиток цей символ увів у 1655 році англійський математик Джон Валліс у своїй праці про конічні перетини, і відтоді знак нескінченності постійно використовується в математиці, логіці, фізиці, філософії та інших науках. І хоч зустрічається символ найчастіше саме в математиці, він має філософське коріння, і тут простежується зв'язок зі Стародавньої Грецією, де розвивалася антична філософія. За іншими гіпотезами, цей символ був узятий з печерного живопису Тибету або прийшов у європейську цивілізацію з індійської культури. Але так чи інакше, а знак нескінченності абсолютно відповідає філософії нашої спільноти: невпинний розвиток і самовдосконалення, постійне прагнення до пізнання, життя в гармонії з навколишнім світом і з самим собою, а також невичерпність енергії та ідей для бізнесу.

Ось так саме цей логотип став найважливішим символом CEO Club. У нашому клубному домі відтворено чотири великих логотипи в різному виконанні: з живої трави, з металу, з дерева і цифровий, який постійно світиться на моніторах всередині клубу. Це гармонізує простір нашого клубного дому, а значки у вигляді логотипу CEO Club із задоволенням носить багато хто з наших учасників.

Так, ми пишаємось нашою клубною айдентикою, яка є ще одним важливим елементом сильної спільноти. Вона посилює ідентичність, причетність, відрізняє нас від інших і сприяє правильному позиціонуванню клубу в навколишньому світі. Атрибутика CEO Club дуже різноманітна: блокноти, ручки, нагрудні хустинки і багато іншого; одним із найбільш креативних концептів застосування клубної символіки є наш клубний піджак. Ми розробили спеціальну модель клубного піджака і зшили його всім членам борду як особливий дрес-код для офіційних і важливих заходів нашої спільноти. Зрештою, якщо піджак бездоганно пошитий і до того ж прикрашений привабливим логотипом сильного клубу, то чи не привід це носити його з гордістю і задоволенням?

Розділ 22

ПРОЄКТ ВПЛИВУ

Усе на світі взаємопов'язане і єдине, і тому будь-яке діяння окремої людини впливає на всіх людей, скільки б їх не було на Землі.

Пауло Коельйо

Численні дослідження свідчать про те, що одним із ключових чинників, які впливають на наше здоров'я, активність, тривалість життя й отримання задоволення від нього, є соціальний компонент, а саме інтенсивні, глибокі, довірчі взаємини і регулярне спілкування з людьми зі схожими цінностями і соціальним статусом. Моє життя — тому підтвердження. Клуб дав мені повну самореалізацію і справжнє щастя. Опікуючись цим своїм проєктом, як дитиною, я фактично всі десять років жодного дня не працював: я творив і розвивав свій власний світ у партнерстві з цікавими людьми. Завдяки цьому я знайшов Шлях, і мені не потрібно було прагнути до здійснення якоїсь примарної великої мети, адже я досягав її щодня і просто жив, кожного дня реалізуючи себе.

Створивши CEO Club, я фактично створив свій ідеальний світ. Придумав його концепцію і населив «ідеальними громадянами» — людьми, які сповідують певні цінності, мають достойну репутацію і важливий досвід, людьми, з якими протягом довгих років цікаво спілкуватися, дружити й розвиватися. Разом ми побудували справжній інтелектуальний екопростір, який став для нас універсальною системою невпинного розвитку. У ньому об'єднуються люди і народжуються нові події та ініціативи, у ньому ми набуваємо нового досвіду, пізнаємо й усвідомлюємо життя. Завдяки тому, що протягом десяти років ми спілкувалися з найгіднішими і найвпливовішими людьми нашої країни і всього світу — мислителями, вченими, політиками, бізнесменами,— клуб став для нас колосальним ресурсом всебічного розвитку і духовного збагачення. CEO Club — це океан значущих людей і кращих підприємців країни. У клубі вони познайомилися не тільки одне з одним, але і з дивовижними особистостями світового масштабу, які всі ці роки ставали нашими гостями, спікерами і навіть друзями.

Міцні зв'язки і важливу інформацію добути просто так неможливо. І CEO Club подарував усім нам ці життєві цінності й унікальний досвід. Не погрішу проти істини, якщо скажу, що у вигляді CEO Club мені вдалося фактично створити своєрідну систему MBA XXI століття, життєвий університет, у якому є чудові люди і база найкращих досвідів і у якому безперервно навчаюсь і я сам.

Але прийшов час змінюватися, щоб вийти на новий рівень. Коли я кажу про це, то перш за все маю на увазі масштаб нашої діяльності і рівень соціальної відповідальності. Яким би не був клуб (чи інша спільнота), які б цілі і місії не поставив на чільне місце, він існує у певному середовищі: суспільство, культура, країна. Тобто ці організації вписані у ширший контекст, де неминуче є певні правила і гравці, і розуміння своєї ролі в цьому контексті дуже важливе для стратегічного розвитку клубу, який прагне стати проєктом впливу. Але вплив — це привілей тільки тих клубів, що міцно стоять на ногах, являючи собою успішно реалізовану платформу з потужним фундаментом.

Задумуючи CEO Club, я завжди як віддалену в часі перспективу бачив саме таку мету: ***побудову проєкту впливу.*** Почасти саме тому через десять років свого існування, у 2020-му, клуб пройшов через важливу трансформацію і формування нових смислів. Разом з учасниками ми усвідомили, що клуб вже виріс і навіть переріс свою початкову місію. Ми стали помітними в Україні: CEO Club як бренд широко відомий у її ділових і політичних колах. Ми підтримували різні благодійні і громадські ініціативи, не залишаючись осторонь і у важкі для країни хвилини: Революція гідності, військові дії на сході, протистояння пандемії COVID-19… У всіх цих подіях ми посідали активну позицію, брали участь інтелектуально, експертизою, енергією і ресурсами. Ми постійно залучали членів нашого клубу до системної підтримки країни і суспільства у складні часи, усвідомлюючи, що у наших учасників є потужна мотивація робити щось більше, ніж просто успішний бізнес, а їхня небайдужість і проактивна позиція дають нам величезний потенціал на майбутнє. Ми бачили наявність запиту, енергії і мотивації на такі дії всередині клубу і тому цілеспрямовано розгортали риторику нашої спільноти в бік соціальної відповідальності: **ми повинні разом робити щось значуще для суспільства, а для цього необхідно цілеспрямовано формувати системні довгострокові ініціативи.**

Участь членів клубу в таких дискусіях та ініціативах створювала позитивний досвід колективних дій і системно зміцнювала віру в те, що разом ми дійсно можемо зробити набагато більше. Саме цей чинник є критично важливим для формування довіри в нашій країні, де, як не шкода, навіть серед успішних людей превалює філософія «Якщо кожен на своєму місці буде робити добрі справи, то все буде добре в усіх». Це чудова, взагалі-то, концепція, але, на превеликий жаль, вона неповноцінна. Досвід успішних і розвинених країн показує, що вони успішні саме тому, що в них дуже розвинена культура об'єднань. Наприклад, у західному світі існують тисячі різноманітних спільнот практично на всіх рівнях — як у бізнесі, так і в будь-якій іншій сфері. Навчившись об'єднуватися, довіряти і взаємодіяти, люди здатні дієвіше впливати на навколишній світ і розв'язувати завдання більш високого порядку, оскільки саме через ці механізми і формується повноцінне громадянське суспільство. **А отже, якщо ми хочемо, щоб Україна відбулася як успішна і сильна держава, ми повинні навчитися не тільки робити добрі справи поодинці, але й об'єднуватися для дій зовсім іншого масштабу.** Саме системні тривалі колективні дії дають максимальний результат в середньо- і довгостроковій перспективі. Так, поступово переймаючись ідеєю формування нової філософії і нового досвіду колективних позитивних впливів, CEO Club десь самостійно, десь із залученням партнерів запустив цілий ряд довгострокових ініціатив: Generation+, «Озеленення України» і Greening of the Planet, спільний проєкт з «Українською правдою» Editor's Club, системне видання в Україні книжок світових інтелектуалів і лідерів думок з метою масштабування прогресивних ідей; розвиток і активну підтримку молодих підприємців в Young Business Club, який налічує вже понад 1 200 учасників у різних містах і країнах. Усі ці значні і системні проєкти народилися й відбулися буквально за кілька останніх років.

CEO Club став тією силою, яка здатна робити багато корисного для суспільства у значно більших масштабах, з новим баченням позитивного і системного впливу клубу на навколишній світ. Новий CEO Club — це перш за все інтелектуальний клуб для лідерів бізнесу, який не просто об'єднує провідних підприємців України, а і всією своєю діяльністю сприяє перетворенню їх у сильну, креативну, соціально відповідальну і згуртовану бізнес-еліту, яка відіграє найважливішу роль в розвитку суспільства і країни.

Нова місія CEO Club — об'єднання лідерів бізнесу з метою масштабування їхньої особистості і для позитивного впливу на світ.

Саме тому на наступні десять років ми запланували реалізацію багатьох системних ініціатив і проєктів, які сприятимуть становленню ціннісного й інноваційного бізнесу в Україні. Ми маємо намір сприяти створенню і розвитку нових клубів і спільнот як критичної соціальної інфраструктури для кристалізації нової еліти, формування довіри і співпраці всередині неї; перекладати й видавати книжки провідних мислителів світу і запрошувати найкращих з них в Україну. Ми продовжимо активно підтримувати талановитих молодих підприємців та обдарованих дітей, інвестуючи таким чином у майбутнє нашої країни. Сприяючи масштабуванню сильних ідей і смислів, ми збираємося підтримувати незалежні і створювати нові медіа, розвивати освітні проєкти і налагоджувати зв'язки на міжнародному рівні, формуючи глобальну співпрацю з метою зробити нашу країну помітною на світовій арені. Ми також будемо наполегливим і компетентним співрозмовником, партнером і — якщо знадобиться — опонентом нашої держави. Одним словом, ми будемо генерувати багато прогресивних ідей і смислів, сприяти формуванню більш змістовного смислового дискурсу на важливі теми для суспільства, країни та світу і виносити наші ідеї на більш широку аудиторію світового плану.

Я переконаний, що колективна творча перебудова світу в позитивному ключі неминуче впливає на всіх нас і поліпшує наш життєвий простір, формуючи з окремих особистостей потужну систему із широким колом повноважень. «Сила в єднанні» — непорушна істина. І якщо клуб — не просто нетворкінгова платформа, ланцюжок івентів і пафосне місце, а живий організм, який об'єднує людей відповідно до їхніх цінностей, він може стати новим соціокультурним явищем зовсім іншого порядку. Такий згуртований і усвідомлений клуб рано чи пізно неминуче виросте у проєкт впливу і відкриє дивовижні можливості для створення колективних історій успіху і для пошуку великих спільних цілей. Він здатний надихнути суспільство на творення успішної країни, де живуть щасливі люди і народжуються нові масштабні проєкти, здатні змінити світ. І саме на базі CEO Club вже сьогодні формується нова реальність і нова культура — і народжується нова еліта, розвинути і зміцнити яку допоможе мережа успішних об'єднань: клубів, спільнот і асоціацій. Такі об'єднання стають проєктами впливу для вирішення великих завдань на рівні країни і навіть світу, але на це потрібен час. Якщо звернутися до історії, ми побачимо, що гурток Сципіона в Стародавньому Римі збирався і дискутував з приводу бачення нового Риму близько тридцяти років, і те, що народилося в цих дискусіях, лягло в основу нової Римської імперії. Схожі процеси відбувалися на етапі формування США і появи Держави Ізраїль: цьому передували роки обговорень по всьому світу в міні-групах серед тих, хто хотів створити нову країну і був достатньо компетентний.

Іншими словами, щоб сформувати справжнє бачення майбутнього країни, потрібні час і широка дискусія всередині еліти, яка зароджується, а щоб така дискусія відбулася і пройшла змістовно, необхідно по всій країні сформувати мережу спільнот з високим рівнем довіри і комунікації. Саме у тому, щоб побудувати таку прогресивну мережу в Україні, я бачу свою подальшу місію.

Я написав цю книжку, щоб поділитися з людьми досвідом створення успішних громад і показати їхнє справжнє значення для соціуму. Тому в наших планах на найближчі роки — створити «Лігу клубів», об'єднавши різні українські ділові клуби в цілісну екосистему, у межах якої відбуватимуться співпраця, обмін досвідом, забезпечення всебічного розвитку і запуск спільних національних ініціатив.

У XXI столітті будь-яка прогресивна людина бачить себе не просто громадянином окремо взятої країни, а громадянином планети. Ми члени однієї великої родини, тож так нам і треба діяти — немов ми команда великого космічного корабля. На жаль, бездумна діяльність розрізнених представників людства породила складні виклики: потенційні ядерні та біологічні війни, кліматичні катастрофи — і все це відбувається не на рівні якихось локальних територій, а стає загрозливою реальністю для всієї планети. І найефективніший спосіб із цим впоратися — навчити людство взаємодії і єдності. Так, між державами існує дуже багато протиріч і конфліктів інтересів, і нам необхідно перебудувати світову систему в ім'я зближення країн. Однією з відповідей на питання «Як це зробити?» може стати активне створення нових глобальних міжнародних спільнот і клубів, які дозволять обійти всі перешкоди, що заважають державам домовитися. Саме такі сили здатні подолати ключові бар'єри у вигляді національних інтересів і національних кордонів — і діяти гнучко, ефективно і швидко, оскільки, створюючи горизонтальну модель, ми виключаємо боротьбу за владу всередині цих організацій. Такі спільноти можуть легко і швидко змінюватися й удосконалюватися, підлаштовуючись під зміни зовнішнього середовища, і ставати гідною альтернативою державам і корпораціям — або доповнювати їх. Я впевнений, що зараз саме час розкрити колосальний соціальний потенціал всього людства. **Саме тому створення і розвиток нового типу глобальних спільнот я маю намір зробити своєю основною діяльністю на наступному етапі мого шляху.**

Усім своїм життям і цією книжкою, написаною на основі здобутих мною досвіду і знань, я стверджую: побудова взаємовигідних відносин в ім'я високих цілей — це те, що потрібно всім нам.

Це дивовижний процес створення життя навколо, коли людина сама і конструктор, і творець, і дизайнер — у найглибшому розумінні цих слів. Це формування і створення власного світу — такого, яким ти його бачиш, але за допомогою інших людей, бо я абсолютно переконаний, що «і один в полі — воїн» — це шлях в нікуди.

Уміння об'єднуватися заради розвитку — це наука і мистецтво, і такому треба вчитися все життя.

Об'єднувати інших заради прогресу — це те, що я обрав справою свого життя.

Популярне видання

Сергій Гайдайчук

The Club

Мистецтво об’єднувати

Керівник проєкту: Анна Балент

Літредактор, коректор: Наталія Потеряйко

Комп’ютерна верстка: Юрій Матвієнко

Підписано до друку 01.09.2021
Формат 60x90/16. Папір офсетний. Гарнітура Times.
Ум. друк. арк. 14,63. Друк офсетний.
Наклад 1000 прим.

Видавник та виготівник ФОП Осьмук С. Б.
Свідоцтво про внесення суб’єкта видавничої справи
до Державного реєстру ДК № 6508 від 30.11.2018